Diogenes Taschenbuch 21987

de
te
be

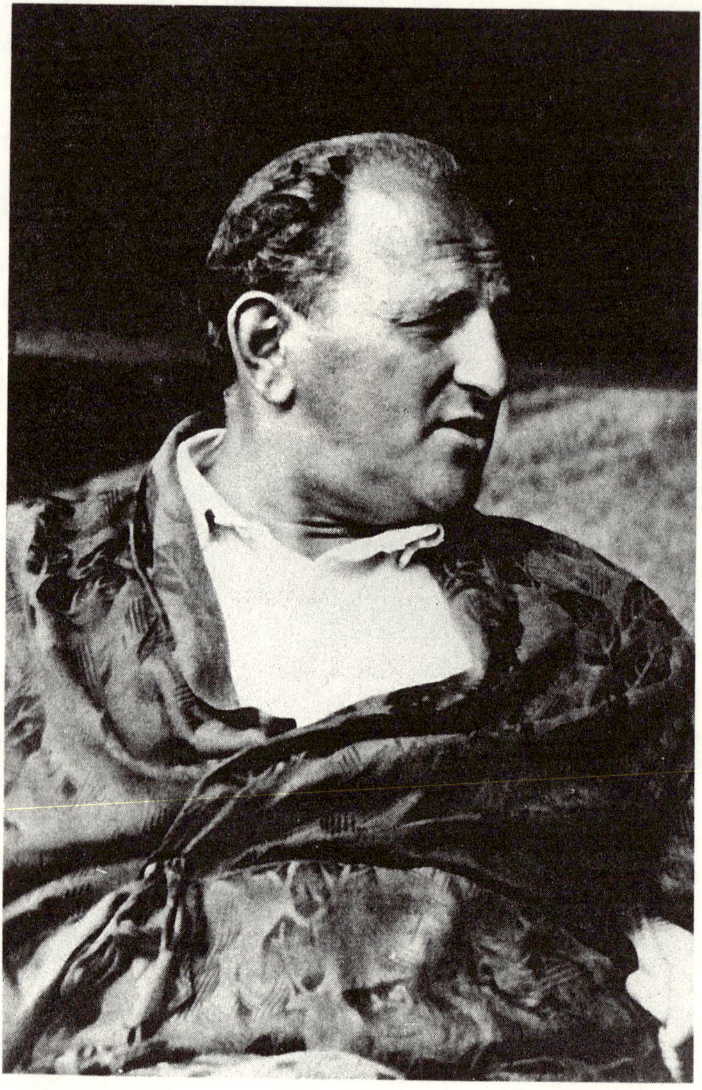

Egon Friedell

Steinbruch

Kleine Philosophie
Mit einem
Nachwort von
Wolfgang Lorenz

Diogenes

Die Originalausgabe erschien 1922
unter dem Titel
Steinbruch. Vermischte Meinungen und Sprüche
im Verlag der Wiener Graphischen Werkstätte, Wien
Sie wurde für die vorliegende Ausgabe
in *Nachbemerktes* mit bisher
unveröffentlichten Texten erweitert
Weitere Angaben siehe *Editorische Notiz*
Abdruck mit freundlicher Genehmigung
von Frau Annemarie Kotab
Umschlagillustration: Félix Vallotton,
›Das Papierene Zeitalter‹, 1898

*In Erinnerung
an Josef Popper-Lynkeus*

60/91/29/1
ISBN 3 257 21987 3

Die Herausgeber von Aphorismen und Anekdoten machen es wie Leute, die Kirschen oder Austern essen. Sie beginnen mit den besten und nehmen schließlich alle.

Chamfort

In der »Weisheit Salomonis« steht das unergründlich tiefe Wort: »Des Menschen Leben ist eine Wanderung.«

Im Jahre 1823 zog Goethe die Summe seines reichen Lebens, indem er in sein Tagebuch den schlichten und doch so unendlich vielsagenden Satz notierte: »Unser Leben eine Wanderung.« Unter den »Maximen« des Herzogs von La Rochefoucauld befindet sich die graziöse, wenn auch etwas oberflächliche Bemerkung: »Betrachtet man es recht, so ist unser Leben eine Wanderung: mit unerwarteten Fernsichten, Wegbiegungen, Ruheplätzen und einem Ziel, das wir nicht kennen.«

In einer alten Nummer der »Fliegenden Blätter« fand ich den banalen Gedankensplitter: »Unser Leben – eine Wanderung.«

Ein jüngerer Operettenschlager hat den läppischen Refrain: »Das Leben ist ein Wandern von einem Tag zum andern«.

Ich muß es ganz dem Leser überlassen, ob er mich für einen Salomo, einen Goethe, einen La Rochefoucauld, einen Gedankensplitterfabrikanten oder einen Paralytiker ansehen will.

Egon Friedell

Zur Philosophie des Alltags

Au lecteur

Im Grunde können wir den anderen nur sagen, was sie schon wissen. Wir vermögen einem Menschen nur diejenigen Dinge mitzuteilen, die er immer schon latent in sich gehabt hat. Im anderen Falle wird er sie entweder rundweg ablehnen oder so lange »auf seine Art« auslegen, bis sie *ihm* ähnlich sind und nicht mehr uns. Es hätte wenig Sinn, einem Esel Eidotter aufdrängen zu wollen, indem man ihm erklärte, es sei ein höchst nahrhaftes, wohlschmeckendes und bekömmliches Gericht. Er würde es uns einfach nicht glauben. Aber nehmen wir selbst an, es gelänge uns, seinen Abscheu zu überwinden, was wäre die Folge? Er würde aus den Eidottern machen, was er bisher aus Disteln und Kohl gemacht hat: einen Esel.

Theatrum mundi

Oft beobachte ich von meinem Fenster aus die gegenüberliegenden Fenster. Ganz gleichgültige, fremde, unbedeutende Menschen tun dort drüben fremde, unbedeutende und gleichgültige Dinge: sie öffnen Schränke und schließen sie, machen sich rätselhafte Handreichungen, gehen ab und zu, flüstern miteinander oder sitzen bloß unbeweglich da. Da war zum Beispiel ein junges Mädchen: sie zog des Morgens, in der kühlen Frische des noch unberührten Tages die Fenstervorhänge in die Höhe, warf einen kurzen, forschenden Blick auf die Straße und verschwand im Dunkel des Zimmers. Später ließ sie die Vorhänge wieder herab: am Abend, wenn bereits graue Nebel aus den Gassen emporstiegen, oder an drückend heißen Sommernachmittagen, wenn alles Leben still zu stehen schien. Sie war weder ungewöhnlich schön noch ungewöhnlich anmutig; aber während sie diese Dinge tat, umfloß sie stets eine unbeschreibliche Schönheit und Anmut. Dann war da eine einfache Familie, die des Mittags wie ein Bild um den weißgedeckten Tisch saß und des Abends eine große geheimnisvolle Lampe anzündete, die aussah wie der heilige Gral; ferner ein Mann, der den ganzen Tag in Hemdärmeln über einen wackeligen Tisch gebeugt war und schrieb, immerzu schrieb, und eine junge Köchin, die unbekannte Dinge zerschnitt und in einen Topf warf, bisweilen aber plötzlich starr wurde und mit leerem Blick lange vor sich hinspähte, in eine weite, unsichtbare Ferne, und ein kleines Mädchen, das an einer Puppe nähte, und ein anderes kleines Mädchen mit sinnenden Augen, das gar nichts tat: lauter mysteriöse Märchendramen, romantische Schauspiele in zahllosen Fortsetzungen. Man glaubt beim Anblick dieser Phantome unmittelbar den lautlosen Pendelschlag der Schicksalsuhr zu vernehmen. Man erfährt nie, worum es sich handelt, und weiß doch mehr, als man je erfahren könnte. Es sind die vollkommensten Theatervorstellungen der Welt. Sind wir in solchen Blicken dem wahren Kern des Lebens, dem Herzen seines Geheimnisses nicht näher, als wenn wir uns in seine betäubenden und verwirrenden Bewegungen mischen?

Zweck und Beruf des Menschenlebens

Sich ununterbrochen an Kräften und Schicksalen messen, die die Gefahr in sich tragen, daß man an ihnen zerbricht. Für die begabte Frau ist dieses gefahrdrohende Schicksal der Mann, wir aber müssen uns ein solches immer erst suchen – oder erfinden.

Sei, der du bist

Jedes Tier, jede Pflanze lebt naturgemäß und organisch. Eine Eidechse, eine Wasserrose, eine Koralle will von Anbeginn nichts als ihre Eidechsen-, Wasserrosen- und Korallenbestimmung erfüllen. Der Mensch hingegen will fast immer etwas anderes als das, wozu die Natur ihn geschaffen hat. Er steht nie an seinem Platz und schielt immer nach andern. Die Natur hat zum Beispiel seine gesamten Organe dazu bestimmt, Geschäftsverträge zu kopieren, Bücher zu führen, Ziffern zusammenzuzählen. Aber er ist nicht zufrieden damit und schämt sich dieser prosaischen Tätigkeit, weil andere eine andere Beschäftigung haben. Ein Zweiter wieder hat von Natur aus die Werkzeuge erhalten, um in stiller Abgeschiedenheit zu arbeiten, Beobachtungen an Beobachtungen zu reihen, Tatsachen zu verknüpfen und vorsichtige Schlüsse zu ziehen. Das paßt ihm aber nicht, und er blickt neidisch und ärgerlich auf Menschen, die mitten auf der Bühne der Welt stehen, ein reiches und buntes Dasein führen und aufregende Erlebnisse haben. Nun wären aber alle Menschen gleich wertvoll, wenn sie dem Naturgesetz gehorchten. Was daher den Rangunterschied unter ihnen ausmacht, ist nicht die Art ihrer Beschäftigung und der Umfang ihrer Begabung, sondern der Grad ihrer Natürlichkeit. Unverlogene Menschen sind immer groß.

Das Licht der Welt vermehren

Ist denn das nicht die göttliche Mission jedes einzelnen Menschen auf dieser Erde, eine Mission, die jeder erfüllen soll, aber im Grunde auch jeder erfüllen *kann*? Irgendein Licht steckt in jedem Ding, jedem Ereignis, jeder noch so unscheinbaren Betätigung. Insgeheim wirkt in jedem, auch dem unscheinbarsten Menschen irgendeine nur ihm eigentümliche Fähigkeit und Kraft; diese Fähigkeit und Kraft allein ist es ja, der er seine Existenz verdankt, die ihn am Leben erhält; ohne sie wäre er niemals dieses einmalige Individuum geworden. Aber die Menschen besitzen meistens zu wenig

Aufrichtigkeit gegen sich selbst, zu wenig *Liebe* gegen sich selbst, um diese ihre einzigartige Fähigkeit nun auch zu erkennen und gesammelt auf den einzigen Punkt zu lenken, wo sie Nutzen und Licht bringen kann. Wäre dies der Fall, so wimmelte die Erde von Genies auf allen Gebieten! Jedoch zugleich mit jenem Talent, das die Menschen von Gott haben, hat der Teufel ihnen in einer unbewachten Stunde eine Art Gegenmitgift verliehen, nämlich den unglückseligen Hang, niemals das sein zu wollen, was sie sind. Diese sonderbare Geisteskrankheit scheint so alt zu sein wie die Menschheit: wenigstens gibt es keine noch so ehrwürdige kulturhistorische Quelle, aus der wir sie nicht leicht herausdiagnostizieren könnten; ja im Grunde waren ihr sogar schon Adam und Eva verfallen. Gibt es etwas Schöneres als das Paradies? Und doch hatte es für Adam und Eva einen einzigen Fehler: es war nämlich ihre Bestimmung. Und der Mensch hält nun einmal nur das für ein Paradies, was ihm *nicht* bestimmt ist. Also handelten die ersten Menschen ganz logisch und folgerichtig, als sie den Geboten Gottes nicht gehorchten, freilich nach einer vom Teufel erfundenen Logik.

Der Fluch der Verschwiegenheit

Fast jeder Mensch könnte den übrigen nützen: durch die Feststellung irgend einer neuen Tatsache, die nur er kennt, die Richtigstellung irgend eines Irrtums, den nur er durchschaut, die Lösung irgend eines Rätsels, das nur er versteht. Aber er vergräbt diese Dinge in Schweigen, falscher Scham und bornierter Diskretion. Er hält diese Dinge für Privatangelegenheiten, mit denen man Unbeteiligte nicht behelligen dürfe. Aber keine Wahrheit ist eine Privatangelegenheit, niemand hat das Recht, sie dazu zu machen. Keine menschliche Beziehung verdient in Schweigen erstickt zu werden, und wenn sie in die finsteren und verborgenen Abgründe der menschlichen Seele hinunterreicht – gerade dann verdient sie es am meisten, ans Licht gebracht, von allen betrachtet, studiert, verstanden, aufgehellt zu werden. Diskret sein heißt: die Entwicklung der Wahrheit aufhalten, Stücke der großen allgemeinen Realität, die zu kennen jeder Lebende das Recht hat, perfid eskamotieren. Der Philister hat immer ein schlechtes Gewissen. Das allein aber ist das Schlechte an ihm. In dem Augenblick, wo man über die schlechteste Sache von der Welt spricht, ehrlich spricht, ist sie fast schon gut, ist sie aus einer häßlichen Verirrung eine wertvolle Lebenswahrheit geworden, an der die anderen lernen können.

Bleibe bei dir

Das beklagenswerteste Geschöpf dieser Zeit ist der *Reisende*. Er »sieht sich die Welt an«: aber dies hat zur Folge, daß er sich die einzige Welt, die wirklich ist, nämlich seine eigene, *niemals* ansieht! Überall trägt man Zylinder und Boas, liebt man die Musik und die Straßenreinigung, hat man mehr oder weniger dieselben Anschauungen über Parlamentarismus, Feldbau und gesellschaftliche Etikette, überall herrscht die gleiche Reisewut; und der Koreaner träumt von einer Reise nach Hamburg, weil er hofft, dort das zu erfahren, weswegen der Hamburger nach Korea möchte. Und wir begreifen den treffsicheren Volksinstinkt, der für Ahasver, der dem guten Heiland sein Dach verweigerte, als schrecklichste Strafe dies ersann, daß er ihn zum ewigen Weltreisenden machte. Und warum fahren die Menschen irgendwohin, wo sie nichts zu suchen haben und wo sie niemand brauchen kann? Weil sie sich selbst nicht ertragen! Aber gerade dieses gefürchtete »eigene Ich«, vor dem sie in fremde Länder davonlaufen, fährt als blinder Passagier überallhin mit. Und wenn diese Ablenkung den Menschen nichts nützt, so spielen sie Hasard oder bringen harmlose Tiere um. Und wenn auch das nicht hilft, so machen sie einen Weltkrieg.

Der goldene Boden

In jedem solid und kundig geübten Handwerk liegt etwas, das zur Verehrung, ja zur Bewunderung herausfordert. Um einen Schrank, einen Rock, eine Uhr wirklich gut zu machen, dazu gehört eine gewisse Sittlichkeit: Achtung vor dem gottgeschaffenen Material, Selbstzucht, Nachdenken, treue Hingabe an die Sache,

Sinn für das Wesentliche. Ein Meister ist allemal etwas sehr Schönes, ob er einen Schuh macht oder einen Dom.

Der Alkohol

Der Alkohol ist ein Gift. Das haben die Physiologen bewiesen. Aber gegen den Alkohol ist damit gar nichts bewiesen. Denn ein Gift kann immer noch eine Medizin sein.

Der Alkohol gleicht auch darin einer Medizin, daß er schlecht schmeckt. Leute, die geistige Getränke zu sich nehmen, weil sie ihnen gut schmecken, sind gar keine Alkoholiker. Sie trinken den Alkohol nicht, sie *essen* ihn. Sie sind alle noch leicht zu retten; denn man könnte ihnen jederzeit Bier, Wein oder Branntwein durch ein anderes Gericht ersetzen, das noch schmackhafter ist.

Der richtige Alkoholiker trinkt mit Überwindung. Für ihn ist die Weinflasche identisch mit der Lebertran- und Kirschlorbeerflasche.

»Wann wird denn endlich«, rufen die Antialkoholiker mit Emphase, »die Menschheit so weit sein, daß sie sich nicht mehr betäuben muß? Daß sie dieses schädliche, unwürdige und unmännliche Gift nicht mehr braucht?«

Diese Frage ist leicht zu beantworten. In dem Augenblick, wo alle Niedertracht, Ungerechtigkeit, Rohheit und Dummheit aus unseren Mitmenschen entfernt sein wird. In dem Augenblick, wo alle Unvollkommenheit, Unnatürlichkeit, Krankheit und Unfähigkeit aus uns selbst entfernt sein wird. Dann werden wir den Alkohol nicht mehr brauchen, der ja nichts anderes ist als ein Antitoxin gegen die Enttäuschungen, die die anderen und wir selbst uns bereiten. Dann wird der Name »Alkohol« für uns nicht mehr bedeuten als etwa der Name »Wasserstoffsuperoxyd«.

Viele Künstler waren Alkoholiker. Aber man muß sich hier vor einer Verwechslung von Ursache und Wirkung hüten. Sie waren nicht Künstler, weil sie Alkoholiker waren. Sie waren Alkoholiker, weil sie Künstler waren. Weil sie Künstler waren, empfanden sie die Häßlichkeit und Unzulänglichkeit gewisser Realitäten tiefer und schärfer, und dies machte sie zu Alkoholikern.

Daß aber umgekehrt der Alkohol die künstlerische Inspiration irgendwie fördern kann, daß die »Muse« sich durch gegorene Kohlehydrate anlocken läßt, ist unwahrscheinlich. Sie läßt mit sich keine Geschäfte machen. Und wenn ein Künstler sich durch Spirituosen auf eine unwahre und unredliche Weise in Stimmungen versetzt hat, die gar nicht die seinigen sind, so darf er sich nicht wundern, daß niemand ihm diese erschlichenen Stimmungen glaubt. *Die natürlichen* Räusche aber sind nicht beim Schnapshändler für Geld zu kaufen. Diese Räusche sind wirklich, ja sie sind wirklicher als alle Wirklichkeit. Es ist aber sicher, daß sie um so zögernder herankommen werden, je mehr man sie durch Gewaltmittel herbeizwingen will.

Lob der Halbheit

Alles Ganze, Vollendete ist eben vollendet, fertig und daher abgetan, gewesen; das Halbe ist entwicklungsfähig, fortschreitend, immer auf der Suche nach seinem Komplement. Vollkommenheit ist *steril.*

Die bange Wahl

Dem Menschen bleibt nur die Wahl zwischen Schmutz und Langeweile (Schiller sagte »Sinnenglück« und »Seelenfrieden«).

Los der Analphabeten

Jeder Mensch wird mit einem sehr stattlichen Scheck auf die Zukunft geboren; aber dieser Scheck ist für die meisten Menschen wertlos, denn sie sind nicht imstande, ihn zu lesen.

Lasciate ogni speranza

Die wirklichen Erlebnisse liegen im Gebiet des Unausgesprochenen und Unaussprechlichen. Was sich *sagen* läßt, kann niemals ganz wahr sein. Kleide einen Gedanken in Worte, und er verliert alle Bewegungsfreiheit. Unser Wissen ist allemal besser als unsere Reden.

Was ist
Wahrheit?

Dreierlei Problematik

Das Leben ist für den Alltagsmenschen ein wissenschaftliches Problem, für das Talent ein künstlerisches und für das Genie ein religiöses.

Jede Wahrheit tritt zuerst als Irrlehre in die Welt, denn die Welt ist immer von gestern.

Bei einem Denker sollte man nicht fragen: *welchen* Standpunkt nimmt er ein, sondern: *wie viele* Standpunkte nimmt er ein? Mit anderen Worten: hat er einen *geräumigen* Denkapparat oder leidet er an Platzmangel, das heißt: an einem »System«?

Geschichte der Wahrheit

Jede neue Wahrheit beginnt als Anachronismus; sie wird erst langsam wahr. Es braucht immer eine gewisse Zeit, bis ihre Tiefe heraufsteigt, nach oben kommt und sichtbar, das heißt: oberflächlich wird.

Die Wahrheiten von heute

Die meisten unserer heutigen Wahrheiten haben so kurze Beine, daß sie gerade so gut Lügen sein könnten.

Sonne und Erde

Ein gedachtes Leben ist voll Sonne, ein gelebter Gedanke ist voll Erde.

Alle Dinge haben ihre Philosophie

Ja noch mehr: alle Dinge *sind* Philosophie. Alle Menschen, Gegenstände und Ereignisse sind einfache Verkörperungen eines bestimmten Naturgedankens, einer eigentümlichen Weltabsicht. Aber die Dinge pflegen oft erst spät einem einzigen dazu Berufenen ihren Sinn zu enthüllen. Wie lange hat es gedauert, bis der magnetische Stahl dem sehenden Auge Gilberts seine wunderbaren wirksamen Kräfte enthüllte! Wie lange hat es gedauert, bis die einfache und elementare Tatsache der menschlichen Seele von einem galiläischen Wanderprediger entdeckt wurde! Wie viele geheime Naturkräfte warten noch immer geduldig, bis *einer* kommt und den Gedanken in ihnen erlöst! Daß die Dinge *geschehen*, ist nichts: daß sie *gewußt* werden, ist alles. Der Mensch hatte seinen schlanken, ebenmäßigen Körperbau, seinen aufrechten, edlen Gang, sein weltumspannendes Auge seit Jahrtausenden und Jahrtausenden: in Indien und Peru, in Memphis und Persepolis; aber schön wurde er erst in dem Augenblicke, wo die griechische Kunst seine Schönheit entlarvte und abbildete! Und darum scheint es uns auch immer, als ob über Pflanzen und Tieren eine eigentümliche Melancholie gebreitet sei: sie alle sind schön, sie alle sind Sinnbilder irgend eines tiefen Schöpfungsgedankens, aber sie wissen es nicht und darum sind sie traurig.

Die Probe

Eine Philosophie hat erst dann ihre Existenzberechtigung bewiesen, wenn mindestens eine Handvoll Menschen an ihr verrückt geworden ist.

»Widersprüche aufdecken«

Jeder fruchtbare Kopf widerspricht sich. Er erkennt eine bestimmte Wahrheit, aber in demselben Augenblick erkennt er auch die gegenteilige Wahrheit. Er widerspricht sich, weil er *mehr* von den Menschen und Dingen weiß als die übrigen Menschen.

Nicht zu verwechseln

Es gibt eine doppelte Originalität: eine gute und eine schlechte. Originell ist jeder neue Organismus: diese *physiologische* Originalität ist wertvoll und fruchtbar. Es gibt aber auch eine *pathologische* Originalität, und die hat gar keinen Wert, obgleich sie vielfach als die einzige und echte Originalität gilt. Aber diese Originalität, die *auffällt*, ist etwas sehr Pöbelhaftes und Flaches, und außerdem hat sie gar keine Lebensfähigkeit. Es ist die Originalität der siamesischen Zwillinge und des Kalbs mit zwei Köpfen.

Platon oder Pluton?

Das ist die Frage: wem von beiden sollen wir dienen? Sollen wir dem »Licht« opfern oder der »Finsternis«? Die hellen Gipfel besiedeln, wo alles klar, luftig, sonnig, durchsichtig, einfach und schön ist? Oder in die dunklen Tiefen hinabgraben, wo alles schwankend, brauend, unterirdisch, rotglühend, höllisch ist? Wo soll unser Reich sein? Sind es die *Höhen* des Geistes oder die *Höhlen* des Geistes? Was ist für uns vorteilhafter? – Aber diese Frage ist müßig. Damit, daß eine Sache für uns »vorteilhafter« ist, ist sie noch nicht *unsere* Sache. Wir können immer nur tun, was wir müssen. Und wir von heute müssen »hinunter« und dürfen nicht »hinauf«. Wir haben leider keine Wahl. Auch der Weg nach oben würde für uns ganz von selber ein abschüssiger Weg. Wie Odysseus müssen wir schon bei Lebzeiten die Hadesfahrt tun. Aber immer noch lieber Odysseus als Ikarus! So ist es ehrlicher, so ist es vielleicht auch für *uns* vorteilhafter.

Geduld gegen Irrtümer

Es steht nicht in unserer Macht, Irrtümer »abzulegen«, wie man Kleider ablegt, weil einem andere besser gefallen, sondern erst, wenn wir unsere Irrtümer nicht mehr brauchen, wenn sie wirklich »aufgetragen« sind, entsteht in uns die Kraft, sie abzulegen.

Neue Vernunft wirkt lächerlich

Wir pflegen alles Vernünftige erst dann ernst zu nehmen, wenn es eigentlich *nicht* mehr ernst zu nehmen ist, in dem Augenblicke nämlich, wo es eingelebt ist, was aber ganz dasselbe bedeutet wie ausgelebt.

Der Instinkt für Analogien

Der Instinkt für Analogien ist das untrügliche Merkmal des unkünstlerischen, unproduktiven, ungenialen Menschen. Die Bemerkung: »Das ist mir nichts Neues, das habe ich schon gelesen« wird man am häufigsten im Munde unkultivierter und unbegabter Menschen hören. Der bedeutende Kopf dagegen weiß, daß er *nichts* »schon irgendwoanders gelesen hat« und daß alles neu ist. Dem Europäer scheint es, als ob alle Neger dieselben Gesichter hätten, weil er von Negergesichtern nichts versteht. Und dem Philister scheint es, als ob alle Menschen dieselbe geistige Physiognomie hätten, weil er von geistigen Physiognomien nichts versteht.

Was lehren uns die Marskanäle?

Keineswegs ohne weiteres eine höhere geistige Stufe der Marsbewohner. Wenn wirklich dieser ganze Stern von einem gradlinigen, geometrisch angelegten Schema und Netz überzogen ist, so würde dies eher zu dem Schluß berechtigen, daß wir es hier mit einer großen *Instinkt*-Organisation in der Art der Termitenbauten zu tun haben. Es gibt auf unserem Planeten nur ein einziges Land, das ebenfalls riesige Flächen mit einem ausgedehnten Fluß- und Kanalsystem bedeckt hat, und dieses Land ist China! Vielleicht ist es ein ganz besonderes und im Weltall nur selten in Erscheinung tretendes Vorrecht gerade der Erdbewohner, daß sie *keine* exakten Anpassungen vornehmen, sondern individuelle, ungenaue, unlogische, ja größtenteils falsche, mit einem Wort: daß sie *denken*. Vielleicht ist unser Stern der Stern der *unvollkommenen* und *daher individuel-*

len Organismen. Dies wäre eine sehr sonderbare Stellung, die wir einnehmen. Der Mars wäre demnach viel weiter, als wir je sein werden, soweit zweckmäßige Organisation der Lebensbedingungen in Betracht kommt, dort gäbe es keine Krankheiten, keine falschen Züchtungsergebnisse, keine Kriege, keine Verbrechen, sondern alles verliefe in mathematischer Vollkommenheit, Exaktheit und Ordnung. Aber dort gäbe es auch keine Fiktionen und Täuschungen, keine Kunst, keine Wissenschaft, keine Philosophie, keine Erotik: denn alles das sind bloße lebensteigernde und lebenverklärende Irrtümer. Und so wäre demnach das Privileg der Erdenwesen das »Recht auf Irrsinn«?

Damaskus

Nur der Jude Paulus konnte die Idee des Judentums in ihrem innersten Kern auflösen; nur in Luther, dem katholischen Priester, konnte der Katholizismus sich radikal verneinen; nur ein so durch und durch theologisch und moralisch orientierter Geist wie Nietzsche konnte Antichrist und Immoralist werden. Und war es nicht Graf Mirabeau, der die französische Revolution ins Rollen brachte? Um etwas mit der tiefsten Leidenschaft bekriegen zu können, muß man aufs tiefste daran leiden können, und um daran wirklich leiden zu können, muß man es *sein*.

Es ist eine oft beobachtete Tatsache, daß gerade die hellsichtigsten Köpfe in reifen Jahren zu einer Art Köhlerglauben zurückkehren, über den sich der »vorurteilslose« Positivist nur deshalb erheben zu können glaubt, weil er ein moralischer und intellektueller Parvenü ist. Daß es keinen Zufall gibt, keine übelwollenden Dämonen und boshaften Kobolde, das weiß er; auch scheint es ihm erwiesen, daß ein Freitag sich in nichts Wesentlichem von einem Sonntag unterscheidet und daß zwischen der Tatsache, daß man den linken Fuß zuerst aus dem Bette schiebt, und irgend einem äußeren Ereignis unmöglich physikalische Beziehungen bestehen können. Daß aber alles untereinander in Beziehung steht; daß es geheimnisvolle überphysikalische Zusammenhänge gibt, die wir nur deshalb übernatürlich nennen, weil wir ihr Gesetz noch nicht entdeckt haben; daß es zwar keine Dämonen gibt, wohl aber einen Dämon, für jeden Menschen einen eigenen, der ihn regiert und hin und her bewegt, einen Dämon, der um so mächtiger, gefährlicher und magischer ist, je größer eben dieser Mensch ist; daß unser Schicksal sich zwar nicht mittels astrologischer Geheimbücher aus den Sternen ablesen läßt, daß es aber doch dort genau aufgeschrieben ist: das alles weiß er noch nicht. Er hat einige ungereimte Vorurteile abgelegt und sich einige nützliche Kenntnisse zugelegt, aber er ist viel zu eingebildet auf diese kleinen provisorischen Errungenschaften, um sich über sie stellen zu können, um zu wissen, daß es gewissermaßen nur punktierte Hilfslinien sind, nützlich und unentbehrlich wie alle Hilfslinien, aber schließlich doch nur dazu da, um eines Tages ausradiert zu werden. Die Physik ist etwas, das überwunden werden muß, und zwar – durch Physik.

Kultur ist Reichtum an Problemen

Der Fortschritt der Menschheit besteht in der Zunahme ihres problematischen Charakters. Je polychromer die Ideale einer Zeit sind, je dehnbarer ihre Werte, desto vergeistigter erscheint sie uns. Der Pegel der Kultur steht am tiefsten, wenn sie am eindeutigsten ist.

Falscher Irrationalismus

Es ist entweder alles rätselhaft oder nichts. Die Frage, was die Dinge wirklich sind, ist natürlich für *jedermann* »zu hoch«. Alles ist ein Symbol, ein Gleichnis, ein Bild, daher letzten Endes unerklärlich, wie man ja auch ein Gemälde nicht »erklären« kann. Aber mit welchen Farben und in welcher Technik es gemalt ist, kann man sehr wohl sagen, wenn man etwas von Malerei versteht. Das Phänomen des Magnetismus ist das verwirrendste Geheimnis, das sich denken läßt, und auch der größte Naturforscher kann es nicht enträtseln.

Aber eine mathematische Formel kann er dafür finden! Das *Empirische* einer Erscheinung muß allemal zu ergründen sein, das ist immer nur eine Frage der Urteilskraft und der Sachkenntnis. Man darf und soll also alles für erforschbar halten, nur soll man nicht glauben, dann habe man den Schlüssel des Weltgeheimnisses, wie das die törichten Monisten tun. Gottesfurcht und Demut vor den ewigen Rätseln läßt sich mit wissenschaftlicher Neugierde und Glauben an die menschliche Vernunft sehr wohl vereinigen.

Zuwartend

Zuwartend ist die Gesamtstellung, die die Philosophie zu den Dingen einnimmt. Alle gute Philosophie ist im tiefsten Sinne Parodie, Selbstparodie. Sie ist eine Art von sublimer Selbstverhöhnung des menschlichen Geistes. Sie tut so, als ob sie etwas wüßte; und dennoch ist sie die einzige geistige Betätigungsform, die über die tiefe Relativität, gröber gesagt: die tiefe Unwissenheit alles menschlichen Denkens genau und bestimmt unterrichtet ist. Das ist der ironische Grundzug, das sokratische Element *aller* Philosophie, nicht bloß der sokratischen.

Philosophie will bewegen und nichts als bewegen. Sie verändert fortwährend, sich selbst aber verändert sie eigentlich niemals. Sie wird zu allen Zeiten bleiben, was sie zu allen Zeiten gewesen ist: eine Entwicklungsbeschleunigerin. Sie hat insofern große Ähnlichkeit mit einem chemischen Ferment. Wie dieses, verursacht sie bloß Zersetzungen und Umbildungen, ohne sich an den Umwandlungsprozessen, die sie hervorgerufen hat, selbst zu beteiligen: sie gibt nur den Anstoß.

Wenn wir daher den Wert einer beliebigen Philosophie zu beurteilen haben, so wollen wir nicht fragen, was sie ist: Monismus oder Dualismus, Empirismus oder Kritizismus, Ideologie oder Tatsachenwissenschaft. Wir wollen fragen, wie sie *wirkt.* Ist sie eine produktive Zersetzerin, steigert sie die Geschwindigkeit seelischer Reaktionsvorgänge? Dann ist sie Philosophie.

Nämlich:

Es gibt eine bestimmte, ziemlich kleine Zahl von unveränderlichen Wahrheiten. Aber die Stellung, die die einzelnen Menschen zu diesen Wahrheiten einnehmen, ist eine recht verschiedenartige. Der Durchschnittsmensch *zweifelt sie an.* Das Talent macht den vergeblichen Versuch, *sie zu vermehren.* Und das Genie *wiederholt sie.*

Zur Wissenschaft von der Seele

Der Psycholog

Wenn ich auf einem Berge stehe und von dort aus einen entlegenen Punkt fixiere, so sagen die Resultate meiner Beobachtung von diesem Punkt nicht übermäßig viel aus, wohl aber sehr viel von meiner Sehkraft, der Art meines Standortes, der Atmosphäre, die mich umgibt. Mit anderen Worten: Psychologie ist die Wissenschaft von der Seele dessen, der sie betreibt.

Wissen und Handeln

Die Seele alles Handelns ist Blindheit. Wer einmal weiß, kann nicht mehr handeln. Wissen heißt die Tat wegwerfen und die Leidenschaft verleugnen.

Das Echo

Es gibt manche Erlebnisse in unserem Dasein, die uns nichts zu sagen haben, solange wir sie anrufen; und wir halten sie für stumm. Aber wenn wir nur die Geduld haben, ein wenig zuzuwarten und stillezuhalten, so hallt uns mit einem Male ihr drei- und vierfaches Echo donnernd zurück.

Die Monde in unserer Erscheinungswelt

Es gibt Dinge in unserem Leben, die keine eigene Leuchtkraft besitzen: sie enthüllen uns erst ihr Wesen, wenn ein fremdes Licht auf sie fällt. Aber dann erblikken wir sie plötzlich in einem seltsamen und zauberhaften Glanze, während alles übrige in Nacht versunken ist.

Man muß sich selbst Mysterium sein

So vieles auch die Menschen unterscheidet, es gibt doch nur eines, was sie wahrhaft im Range und in der Tiefe unterscheidet: nämlich dies, ob sie sich als Schale eines ihnen selbst fremden und unbekannten Kerns fühlen, als Ausstrahlung einer geheimnisvollen, ja feindlichen und furchterregenden Kraft.

Nichts ist draußen

Unsere Seele macht es ganz genau so wie unser Körper: sie verzehrt eine Menge der verschiedenartigsten Stoffe, aber aus allen diesen Stoffen baut sie immer wieder die gleiche Sache auf: nämlich sich selbst. Die Kuh macht aus allem Milch und Dünger, die Biene macht aus allem Wachs und Honig, der Künstler macht aus allem Schönheit, der Melancholiker macht aus allem Trauer und der Genius macht aus allem etwas Neues. Jeder menschliche Organismus ist auf ein bestimmtes Quantum Freude und Leid gewissermaßen geeicht, und hat er dieses nicht, so ist er seelisch unterernährt und fühlt sich unglücklich. Ein Leben kann verfehlt sein, weil weniger Schmerz in ihm ist, als es braucht, und es kann verfehlt sein, weil mehr Freude in ihm ist, als es verdauen kann. Aber dies sind immer schon Krankheitserscheinungen. Eine gesunde Seele wird ganz von selber jene Diätetik einschlagen, die ihrem Gleichgewichte entspricht. Wie viele »psychologische Rätsel« erfahren da mit einem Male ihre höchst einfache Lösung! Oft trifft einen Menschen, der soeben einen Schmerz erlitten hat, ein weit stärkerer Schlag, und dieser zweite läßt ihn kalt und stumm. Man nennt diesen Menschen dann hart und gefühllos. Aber er hatte ganz einfach seine »Kummergrenze« *schon vorher* erreicht. Und wie oft sieht man Frauen und Mädchen ohne jeden ersichtlichen Grund in Tränen ausbrechen! Ist das Hysterie? Nein, es ist höchste Gesundheit: der Organismus hungert nach Trauer und befriedigt rücksichtslos dieses Bedürfnis, auch »ohne Grund«. Der Regenwurm frißt Erde und lebt und gedeiht dabei, denn er weiß die Nahrungsstoffe, deren er bedarf, auch in dem toten Erdreich aufzuspüren; und ebenso: wer Freude *braucht*, wird Freude finden, überall, auch in Tod und Finsternis. Auf die *»seelische Stoffwechselgleichung«* kommt es an! Jeder hat eine andere, aber alle sind gleich glücklich, wenn sie die ihrige erfüllen. Es ist ganz gleichgültig, was das Leben einem Menschen zufügt, er leidet doch immer nur das, was er leiden muß. Ob man arm oder reich, jung oder alt ist, macht keinen Unterschied. Das arme Kind ist mit seiner leeren Zigarettenschachtel ebenso glücklich wie das reiche Kind mit seinem kompletten Kaufmannsladen. Nietzsche, der kaum einen Tag lang völlig gesund war und nie einen wahren Freund und Versteher fand, ersann sich eine Philosophie der extremen Lebensbejahung, und Byron wurde durch ein Leben voll Ruhm, Liebe, Reichtum und Schönheit zum Weltverächter. Verfolgen wir die Sache weiter, so gelangen wir in gerader Linie zu der Folgerung, daß jeder Selbstmord nichts anderes sein kann als der Ausdruck eines Defekts, einer unheilbaren Betriebsstörung im Organismus. Und ebenso notwendig gelangen wir auf diesem Wege zu einem optimistischen Fatalismus. Gott regiert die Welt nicht von außen, nicht mit Schwerkraft und chemischer Affinität, sondern im Herzen der Menschen: wie deine Seele ist, genau so ist das Schicksal der Welt, in der du lebst und handelst. Nichts ist draußen.

Nur in die Sehnsucht

Nur in die Sehnsucht vermögen die Menschen ihre eigensten Gedanken, Kräfte, Möglichkeiten zu legen. Nur in ihren Wünschen und Hoffnungen sind sie originär, singulär, sie selbst. Im Besitz, in der Erfüllung, im

Haben verschwindet ihr *Sein*, hier werden sie Gattung, Tier, Mechanismus, Begriff: – sie sind dann plötzlich wie alle anderen.

La tragedia umana

Die Menschen fragen sich immer: *wie spät* ist es?

Lob der fixen Idee

Nur durch übertriebenes, leidenschaftliches, ja, wenn man will, pathologisches Interesse kann man in das Herz einer Sache eindringen. Die hausbackenste und beschränkteste Mutter versteht ihr Kind in allen seinen Lebensäußerungen, auch wenn es ein Genie oder ein Verbrecher ist: sie gelangt zu diesem Verständnis durch ihre übertriebene, keineswegs logisch berechtigte Mutterliebe. Und so ist es mit allem. Kühle Unparteilichkeit und »Objektivität« haben keinerlei Zugänge zu den Dingen. Der Dichter versteht von der Welt und ihrem Lauf nur darum mehr als die übrigen Menschen, weil er sie lieber hat. Wenn man will, ist alles Übertreibung: jede lebhaftere Handlung, jedes tiefere Gefühl. Aber Übertreibung ist das einzig Produktive, und alles Neue und Große ist durch sie geschaffen worden. Alle Entdeckungen waren Übertreibungen, fixe Ideen, solange sie noch in den Gehirnen ihrer Urheber existierten. Idée fixe! Alles Große ist eine idée fixe, muß eine idée fixe sein. Die griechische Weltkultur war eine idée fixe Alexanders des Großen, die deutsche Einheit war eine idée fixe Bismarcks, die Erdumdrehung war eine idée fixe Galileis, Westindien war eine idée fixe des Columbus, sogar eine falsche! Die Schönheit der Welt ist eine idée fixe des Dichters. Und die Wahrheit: die sollte in jedem Menschen eine idée fixe sein.

Aufgabe des Menschen:

Steuermann seines Narrenschiffes zu sein.

Polychromie

Vielleicht sind die größten Menschen einfach diejenigen, die die meisten Eigenschaften haben, so daß die Bedeutung eines Menschen im geraden Verhältnis zu der Anzahl der Attribute stünde, die man ihm beilegen könnte. Und vielleicht wird einmal eine Zeit kommen, in der es nicht die größte Schande sein wird, *schlechte* Eigenschaften zu haben, sondern *wenige* Eigenschaften zu haben.

Die wenigsten Menschen leben ihre eigene Biographie.

Der Mensch im Verkehr

Selbsttherapie

Ein kluger Mensch wird schon aus Egoismus bescheiden sein. Er schützt sich damit vor seinem perfidesten Gegner: vor sich selbst.

Von zwei gleich gescheiten Menschen wird derjenige den weiteren Horizont haben, der mehr Herz hat. Mit anderen Worten: Wärme dehnt aus.

Knigge

Artige Verbeugungen machen, nicht mit dem Messer essen, seine Karte abgeben – das ist noch nicht Wohlerzogenheit. Die Seele seines Mitmenschen bekommen, für drei Stunden seine Melancholien, seine Idiosynkrasien, seine Schulden, seinen Ehrgeiz, seine Krankheiten haben: das heißt wohlerzogen sein.

Umgang mit Menschen

Der menschliche Verkehr besteht ganz einfach darin, daß jeder des anderen Irrenwärter ist. Nur aus diesem Altruismus kann man die Kraft schöpfen zu der noch viel schwierigeren und ernsteren Aufgabe: sein eigener Irrenwärter zu sein.

Zweierlei Extreme

Der Mensch schwankt im Verkehr mit seinen Brüdern zwischen zwei falschen Extremen: zwischen kalter Distanz und stilloser Fraternität. Wenn du kein Herz hast, so wirst du einem andern niemals etwas bedeuten können; aber wenn du ihm nicht wenigstens so fern bleibst, daß er dich sehen kann, so wirst du ihm auch nichts bedeuten.

Erst wenn zwei Menschen sich nichts mehr zu sagen haben, beginnt der menschenwürdige Verkehr.

Wert des Nebenmenschen

Für die meisten Menschen hat der Nebenmensch nur dann Wert, wenn er als ihr Vergrößerungsspiegel fungiert. Der größte Teil unserer Gesellschaftsformen ist hierauf zurückzuführen.

Es wäre der größte Leichtsinn, Schulden zu machen, wenn man die Absicht hätte, sie zu bezahlen.

Ja, wenn die reichen Leute *Vergnügen* am Geldausgeben hätten: dann müßte man freilich Sozialist werden. Aber so...

Was das Gymnasium wert ist, sieht man weniger an denen, die es besucht haben, als an denen, die es *nicht* besucht haben.

Der Franzose spricht gern und stolz von »la mort sans phrase«. Aber er hat noch nie daran gedacht, es einmal mit »la vie sans phrase« zu versuchen.

Die Seele des Engländers

In ihr gibt es keine moralischen Konflikte; infolgedessen hat er die Welt erobert. Er ist in ethischen Dingen ein unerreichter Virtuose der doppelten Buchführung. Er ist ebenso fromm wie geschäftstüchtig, man kann gar nicht sagen, was von beidem er in höherem Maße ist. Nur befindet sich beides bei ihm in vollkommen getrennten Seelenfächern. Wenn er das eine öffnet, ist das andere fest geschlossen, ja er erinnert sich gar nicht, daß das andere überhaupt existiert. Er glaubt an den Feiertagen an Gott und die Ewigkeit und während der Woche an die Physik und den Börsenbericht, und beide Male mit der gleichen Inbrunst. Am Sonntag ist die Bibel sein Hauptbuch und am Wochentag ist das Hauptbuch seine Bibel.

Der bulgarische Oberstleutnant, der alle drei Kriege mitgemacht hatte, sagte zu mir: »Wir sind ein armes Volk, das heißt: an Kultur. Wir haben nur einen einzigen Wunsch: möglichst viel von allen anderen Völkern zu lernen.« Ich sagte zu mir selbst: Ein Volk, das diesen Wunsch hat, ist nicht arm an Kultur, sondern unermeßlich reich an Kultur und besitzt überhaupt die höchste Kultur, die irgendein Volk auf der Welt haben kann. Es besitzt das, wodurch Deutschland in seiner großen Zeit groß war, nämlich die sogenannte »Fremdländerei«, die einfach darin besteht, daß man das, was am anderen gut und wertvoll ist, anerkennt, versteht und seinem eigenen Wachstum einzuverleiben versucht. Es besitzt das, was Frankreich niemals besessen hat und weswegen Frankreich unfähig war zu jener europäischen Hegemonie, von der es immer geträumt hat. Es besitzt das, was aus Goethe Goethe gemacht hat. Goethe hatte nämlich ebenfalls nur eine einzige Leidenschaft: zu lernen. Er fragte jedem Menschen, jedem Ding und jedem Ereignis seine geheime innere Weisheit ab, denn irgendeine Weisheit steckt in allem und jedem. Es ist dies überhaupt das wesentlichste Merkmal, nach dem sich eine Einteilung der Menschen, Völker und Rassen treffen läßt. Wenn irgendein Mensch sagt: »Bitte, in *dieser* Angelegenheit bin ich *Fachmann*, da kann man mir nichts Neues erzählen«, so hat er mit dieser Bemerkung bereits untrüglich bewiesen, daß er *kein* Fachmann ist, sondern das Gegenteil davon, nämlich ein leerer, aufgeblasener, beschränkter, unwissender Tropf. Es ist dies im Grunde auch das Wesen und der Sinn aller Religion, vor allem des Christentums. Sich nicht hochmütig gegen andere Völker abschließen und sich nicht für etwas Besonderes, Besseres und Exquisites halten, wie es das Volk tat, aus dem Christus hervorging; sondern allen, auch den Kleinen und Niedrigen, den Armen und Unwissenden sich mit Liebe und Verständnis nähern, ist die einzige Möglichkeit, größer, klüger und besser zu werden. Es ist auch das Wesen aller Kunst. Für den Künstler gibt es auf der ganzen Welt nichts Gleichgültiges, Nebensächliches, Minderwertiges: das Kleinste ist für ihn genau so wichtig, tief und interessant wie das Größte. Wenn alle Bulgaren so denken, dann haben sie eine ungeheure Zukunft, dann sind sie ein Erobervolk, eine »grande nation«, nämlich groß und erobernd nicht durch Größenwahnsinn und Ländergier, sondern durch den weisen Willen, alle Kraft der ihrigen hinzuzuaddieren.

Bedauerlich

Die meisten Menschen schämen sich origineller Beobachtungen, sie halten sie für eine Art Vergehen gegen die Sittlichkeit.

Übersehene Spielart

Es gibt Menschen, die selbst für Vorurteile zu dumm sind.

Am Kopfhörer:

Soeben höre ich einen Esel sagen: »Das sind lauter schillernde irreführende Paradoxa.«

Über Religion
und Moral

Man wird wohl sagen dürfen, daß das letzte Menschenalter von einem so vollkommenen Skeptizismus erfüllt war, wie er vielleicht noch niemals vorher erblickt worden ist. Frühere Zeiten *lehrten* die Skepsis, diese Menschen aber *lebten* sie. Zweifel an jeglicher Realität war das geheime Vorzeichen, das alle ihre Handlungen begleitete. Solange man noch über Sein oder Nichtsein *philosophiert*, ist es nicht schlimm. Diese aber hatten bereits aufgehört, zu philosophieren; und das war das Gefährliche. Ein neuer Menschentypus war höchst bedrohlich in die Erscheinung getreten: der »Skeptiker des Lebens«.

Aber indem wir immer tiefer in die dunkeln Kammern des Schicksals eindrangen, ereignete sich plötzlich etwas Sonderbares: unser Auge, an die Dunkelheit gewöhnt, empfand einen schwachen Lichtschimmer, der von der entgegengesetzten Richtung herkam und uns anzeigte, daß auch in den Gegenden, die wir betreten hatten, nicht völlige Finsternis herrschte. Die *Dinge* hatten wir abgetan, aber nun erschien es uns auf einmal, als sei noch irgendein Licht *hinter den Dingen*, ein Licht, das wir niemals erblicken werden, das sich uns aber doch als vorhanden ankündigt. So entstand eine neue Gewißheit, die unklarer ist als die früheren, aber dafür um so sicherer; unaussprechlich, aber darum auch nicht mit Worten widerlegbar; *unfaßbarer* als jede andere, aber eben deshalb um so *unantastbarer*. Der Zweifel wurde zur Wurzel einer neuen sublimierten Gewißheit.

Jeder Skeptizismus muß in einen neuen Dogmatismus münden. Dies ist seine innere Legitimation, seine natürliche Aufgabe, sein einziger Sinn. Nihilismus ist bisweilen wohltätig und notwendig, doch nur als Vorstufe zu einer neuen, höheren Ordnung. Aus dem Chaos der Völkerwanderung erstand die wunderbare Stufenordnung der mittelalterlichen Gotteswelt. Aus dem Irrsinn der französischen Revolution entstand der napoleonische Imperialismus. Aus den Torheiten des Jahres Achtundvierzig wurde die deutsche Einheit geboren. Aus der moralischen Anarchie des Römerreichs erhob sich das Christentum. Ein ähnlicher Vorgang vollzieht sich auch heute. Atheismus ist endgültig unmöglich geworden, Glaube, Verehrung, Bejahung zieht wieder in die Welt ein. Aber wir werden die Atheisten nicht mehr verbrennen, nicht mehr mit Gesetzen verfolgen, nicht einmal mehr beschimpfen. Wir werden sie nur noch lächerlich finden.

Jehovah indelebilis

Der ungeheure Riß, der durch das Christentum jeglicher Observanz geht und den zu verkleistern mehr als fünfzig Menschengenerationen vergeblich ihren

Scharfsinn, ihr Wissen und ihren Glauben aufgeboten haben, besteht darin, daß man einen rein national gedachten, nur den Interessen seiner Landsleute zugewandten, nachträgerischen, jede Konkurrenz unversöhnlich verfolgenden *Judengott* mit *Gott* zu identifizieren versuchte. Etwas Ähnliches hatten ja auch schon die Stoiker unternommen, indem sie behaupteten, Gott sei nichts anderes als der vergeistigte Zeus. Das eine ist ebenso blasphemisch wie das andere. Ganz folgerichtig erklärten denn auch die Marcioniten (die klarsten und schärfsten Denker unter den frühen Christen), es existierten zwei Gottheiten: nämlich der »Demiurg«, der die Welt geschaffen habe, und der »höchste Gott«, der zur Erlösung von der Welt seinen Sohn gesandt habe. Sie empfanden ganz richtig, daß, wenn man sich schon nicht entschließen könne, den Judengott ganz zu leugnen wie irgend einen anderen Volksgott, die einzige logische Möglichkeit in der Annahme der Zweigötterei bestehe, einer Art Dualismus nach persischem Vorbild. [...] Da aber eine solche Auslegung nichts ist als ein maskierter Rückfall ins Heidentum, so konnte die Kirche sie natürlich nicht akzeptieren. Man griff daher immer wieder zu Ausgleichen und Kompromissen, die von vornherein aussichtslos bleiben mußten und in die christliche Dogmatik ein Element der Zweideutigkeit, Unsicherheit und Rabulistik gebracht haben. Die Marcioniten (und andere) hatten übrigens auch vorgeschlagen, das Alte Testament einfach hinauszuwerfen, aber auch damit drangen sie nicht durch: Jehovah [...] *ließ* sich nicht hinauswerfen, und so ist bis zum heutigen Tage die reinste Religionslehre, die jemals in die Welt getreten ist und jemals in die Welt treten wird, verdorben und verwirrt durch das Gespenst eines rabiaten alten Beduinenhäuptlings und das manische Geschrei seiner Geschäftsträger, der Propheten.

Das Monstrum der Schöpfung

Das Zentralproblem des Christentums, dem es seine Entstehung verdankt, das seine gesamte geschichtliche Entwicklung und alle Kämpfe der Sekten beherrscht hat und aus dem es immer wieder neue Nahrung und Lebenskraft ziehen wird, ist die ungeheure Frage: Wie kommt es, daß der Mensch einerseits ein ganz unleugbar böses Geschöpf ist und andrerseits doch nicht böse sein *will*? Warum trifft er keine klare Wahl zwischen den beiden Möglichkeiten, die ihm gegeben sind? Kurz gesagt: warum tut er das Böse mit bösem Gewissen? Er ist weder Tier noch Engel. Das Tier unternimmt ohne moralische Skrupel alles, was ihm und seiner Nachkommenschaft nützt. Der Engel besitzt Gewissen und handelt danach. Der Mensch tut weder das eine noch das andere. Er lebt weder »gottgefällig« noch »natürlich«. Durch dieses monströse Dilemma wird er zum grotesken Unikum, zum Absurdissimum in der gesamten Schöpfung. Er ist eine grandiose Mißgeburt, ein wandelnder Fragebogen. Wenn er gut ist, warum tut er das Böse? Wenn er böse ist, warum liebt er das Gute? Diese beiden beängstigenden Fragen stellt jedes Menschenschicksal von neuem.

Religiöses Jakobinertum

Religion ist wie alles Edle, Reine und Tiefe niemals eine Sache der Gemeinsamkeit und Gemeinschaft. Religion ist eine aristokratische Angelegenheit. Man kann in Massen Steine klopfen und im Varieté sitzen, man kann in Massen fressen und saufen, politisieren und Menschen umbringen, aber man kann nicht in Massen Gott verehren, so wenig wie man in Massen lieben kann. Der unsinnige Glaube, daß alle menschlichen Lebensäußerungen gemeinsam verrichtet werden können, ja sollen, hat in unserer heutigen Kultur seinen Gipfelpunkt erreicht, wir betreiben alles in Rotten, Riegen, Kompagnien: Kunst, Wissenschaft, Naturgenuß, Religion. Das ganze Leben soll nichts sein als ein dankbares Objekt für Formen, Formeln, Paragraphen, Reglements. Der Wille unserer Zeit, der aus der ganzen Menschheit eine Fabrik, eine Kaserne, ein Riesenhotel, einen Trust, eine Korrektionsanstalt machen will, verbindet folgerichtig das Massentreiben mit der Uniformierungstendenz. Dies endet schließlich allemal im Jakobinertum. Kultus eines abstrakten und leeren »être suprême«, alles andere ist dann »suspekt«, heimliches Aristokratenwesen. Der große Rückschlag gegen alle diese Dinge muß von der Religion ausgehen, von einem neuen Verhältnis zu Gott, wie alles von Gott her seinen Anfang nehmen muß.

Glaube

Gewiß, die Lehre Jesu, seine Gottessohnschaft, ja sogar seine Existenz: dies alles ist bis zu einem gewissen Grade eine Sache des Glaubens. Aber alles ist eine Sache des Glaubens. Wer absolut will, kann alles bezweifeln. Die ganze Welt, mein eigenes Ich ist auch nur ein Glaube. Und es hat ja in der Tat Menschen gegeben, die das Ich, die überhaupt alles Wirkliche leugneten. Zu allem brauchen wir Glauben, zu jeder einfachsten Betätigung. Von diesem Glauben leben wir. Das war ja eben die ewige Tat, die Jesus vollbracht hat, daß er einer Menschheit, die bereits gelernt hatte, an allem zu zweifeln, zurief: Zweifelt nicht! Diese Welt ist und sie ist ein Werk Gottes. Alles ist, auch das Geringste und Niedrigste: die Ärmsten und Einfältigsten, die Kinder, die Sünder, die Lilien und Sperlinge, alles dies ist, wenn ihr daran glaubt, wenn ihr es liebt. Diese beiden größten, ja einzigen Realitäten: Gott im Himmel und die Liebe auf der Erde hat er neu bekräftigt.

Druckfehlerteufel

Ich schrieb einmal folgendes: »Der Mensch ist ein ewiger Gottsucher. Was man auch sonst von ihm aussagen wollte, wäre sekundär. Denn aus dieser einen Quelle strömt alles, was er tut und unterläßt.« Der Setzer aber druckte: »Der Mensch ist ein ewiger Goldsucher.« Dieser Druckfehler war wirklich und wahrhaftig vom Teufel, und zwar von jenem Teufel, der nicht bloß das Gedruckte regiert, sondern auch das Geschriebene, und nicht bloß das Geschriebene, sondern auch die Gehirne derer, die es schreiben, und nicht bloß die Gehirne, sondern auch die Seelen, und nicht bloß die Seelen, sondern die ganze Welt. Kurzum: das Tragische dieses Druckfehlers bestand darin, daß er keiner war.

Zweierlei Egoisten

Es gibt flache Egoisten und tiefe Egoisten. Die letzteren nennt man Altruisten.

Der Philister als Freigeist

Man kann auch als Immoralist noch immer ein Philister sein. Jeder Mensch, der von der Ansicht ausgeht, daß die Gesetze, die für ihn gut sind, auch für andere gelten müssen, ist ein Philister. Die Freiheit hingegen besteht darin, daß jeder tut, was seine Individualität ihm vorschreibt. Wenn mich jemand zum Beispiel zur Freiheit in erotischen Angelegenheiten zwingen will, während es in meiner Natur liegt, diese Beziehungen als vorwiegend unfreie und gebundene aufzufassen, dann *beschränkt* er meine Freiheit. Wenn jemand mir verbieten will, in moralischen Dingen ein Philister zu sein, obgleich gerade dies mir entspricht, so stellt er an mich ein *philiströses* Verlangen.

Sittlich

Was zu einem Kunstwerk *gehört*, was an ihm organisch ist, das pflegen wir das Schöne an ihm zu nennen; was zu einem Menschen gehört, all das ausnahmslos, aber nur das, müssen wir an ihm sittlich nennen.

Absurdum

Haben jene, die aus der Tatsache des »Elends in der Welt«, der »ungerechten Güterverteilung« und dergleichen erbärmlichen Argumenten auf die Nichtexistenz Gottes schließen, schon einmal bedacht, daß ihre ganze Beweisführung nichts ist als kindischer und dilettantischer Anthropomorphismus? Gott irgendwelche (auch zur höchsten Vollkommenheit gesteigerte) menschliche Eigenschaften beizulegen, ist bereits *irreligiös*.

Daß Gott vollkommen unfaßbar und unverständlich ist, eben darin bestand ja die neue und tiefe Erkenntnis des Christentums, im Gegensatz zum Judentum, das sich seinen Gott immer bloß als einen besonders begabten Oberjuden vorgestellt hatte. Wir dürfen daher auch von Gott nicht die Qualitäten eines braven Bezirksrichters verlangen, schon deshalb, weil wir ja nicht wissen können, ob das, was wir »Gerechtigkeit« nennen, nicht etwas vollkommen Idiotisches ist.

Und ferner zeigen diese Einwände eine völlige Mißkenntnis oder vielmehr Unkenntnis des Begriffes der »Erlösung«. Diese Erlösung, die Jesus verkündigt hat, bestand in der einfachen Feststellung der Tatsache, daß Gott die Welt wirklich regiert; *wie* er sie regiert, hat Jesus nicht gesagt. Wer an diese Tatsache glaubt, der lebt allemal und überall in einer guten und gerechten Welt, einerlei, wie es ihm äußerlich ergeht. Wer an diese Tatsache nicht glaubt, der ist unselig, auch wenn seine Geschäfte noch so brillant gehen.

Vom Standpunkt des bürgerlichen Gesetzbuches oder einer platten Philistermoral betrachtet, war Jesu Leben und Tod die denkbar größte Ungerechtigkeit Gottes: der reinste, aufopferndste, gotterfüllteste Mensch wurde verachtet, verhöhnt und gekreuzigt. Daß aber Jesus gleichwohl niemals an Gott gezweifelt hat, beweist mehr als seine Predigt, wie er es gemeint hat.

Aenigma Christianissimum

Daß es den Bösen gut geht, ist nur in Ordnung, sie bezahlen ja für ihr materielles Glück reichlich damit, daß sie ohne Gott leben müssen. Aber wie kommt es, daß es auch den *Guten* so oft gut geht? Daß sie zu ihrer Gewißheit, Gott zu gefallen, und zu ihrem Bewußtsein, gut zu sein, auch noch den äußeren Lohn haben? Ist das nicht ein unverdienter Überschuß, eine Art Überzahlung? Ich möchte dieses Problem das Aenigma christianissimum nennen.

Summa

Der »böse Mensch« ist der *Kitsch* der Schöpfung.

Zur Naturgeschichte des Genies

Wenn einem Kanarienvogel neue Federn wachsen, so ist er krank und »neurasthenisch«. Aber vom Genie, dem die neuen Gedanken wachsen, verlangt man, daß es »gesund« sei.

Glück des Genies

Vielleicht hat das Genie bloß mehr Glück gehabt als die übrigen Menschen. Es durfte *langsam* werden, was es *ist*, während die andern *schnell* werden mußten, was sie *nicht* sind.

Sich selbst

Genialität ist die Unfähigkeit, jemals etwas anderes ausdrücken zu können als sich selbst und immer wieder sich selbst. So lange ein Mensch sich selbst darstellt, kann er niemals flach, niemals langweilig, niemals unoriginell werden. Denn es gibt nur eine einzige Art von Unmoralität und Häßlichkeit: etwas anderes sein zu wollen, als man ist. Darum wirken Tiere niemals banal. Die Gans ist dumm, der Hahn ist affektiert, der Affe albern, das Känguruh ist einfach unmöglich. Trotzdem geht die Dummheit einer Gans niemand auf die Nerven, wir finden dieses Tier sogar höchst anziehend und amüsant. Man kann stundenlang einem Hahn zusehen, wie er eingebildet, icherfüllt, wichtigtuerisch vor seinen Hennen sich dickmacht. Aber vor einem Menschen mit einem solchen Benehmen würden wir sofort davonlaufen. Und doch auch wieder nicht davonlaufen: wenn es nämlich seine innerste Natur wäre, sich so zu betragen. Der Falstaff ist der Liebling der ganzen Welt, und doch ist er nichts als ein dickes Weinfaß voll abscheulicher Eigenschaften. Aber das Genie Shakespeare hat ihm Natürlichkeit geschenkt und hat dadurch ihn selbst zum Genie gemacht. Darum ist es ganz wahr, wenn auch in anderem Sinne wahr, wenn man gesagt hat: das Genie darf sich alles erlauben.

Norm als Exzeption

Das Genie ist nichts Überlebensgroßes, Hypertrophisches, Exzeptionelles, *Barnum*artiges, sondern die richtige Lebensgröße und der natürliche Kanon. Ein genialer Mensch verhält sich zu den übrigen nicht wie der Riese zu den Zwergen, sondern wie das Normalgebilde zu den Freaks. Daß das Genie eine organische Form ist, die höchst selten vorkommt, ist nur ein Beweis hiefür. Denn das Normale ist ja überhaupt in der Natur die höchst seltene Ausnahme, und Mißbildungen und Unregelmäßigkeiten sind die Regel. Auch die körperliche Erscheinung des Menschen ist in Millionen von Fällen einmal vollkommen den anatomischen Gesetzen entsprechend. Und einen *geistig* ganz normalen Menschen, dessen Seele absolut nach dem Kanon gebaut ist, nennt man Genie. Man hat bei solchen Menschen nicht den Eindruck von etwas Absonderlichem und Außergewöhnlichem. Sondern im Gegenteil, man denkt sich: wenn es in der Welt richtig zuginge, müßten alle Menschen von einem ebensolchen Weltblick sein wie Bismarck, ebensolche Gehirne besitzen wie Kant, ebenso zu leben verstehen wie Goethe und ein ebenso gebautes Herz haben wie Emerson. An allen diesen Menschen ist nichts von »Kunst« zu spüren: niemand kann ihnen irgend welche Handgriffe abmerken, denn sie haben gar keine angewendet. Verwunderlich ist an ihnen nur dies eine: daß nicht alle übrigen Menschen ihnen gleichen. Und das Charakteristische ihrer Schöpfungen besteht darin, daß jedermann von ihnen den Eindruck hat: »es ist ein Zufall, daß *ich* es nicht gemacht habe«. Und so falsch dieses Urteil auch im Grunde ist, so ist es doch das einzige Merkmal, das uns die sogenannten »ewigen« Kunstwerke von den bloßen modischen Meisterstücken unterscheiden läßt. Denn diese letzteren erfüllen ihre Zeitgenossen zwar regelmäßig mit der allergrößten Bewunderung, aber dafür sehen spätere Zeitalter in ihnen nur noch »historische Belege für den damaligen Kulturzustand«.

Das Genie widerlegt

Darin besteht seine ganze Leistung. Plato, Kant, Goethe, Nietzsche widerlegten. Und zwar taten sie das weniger mit Worten, ja nicht einmal so sehr mit Taten, sondern einfach dadurch, daß sie *da waren*. Sie fanden eine Kulturverfassung vor und sahen ein, daß sie auf einer falschen Basis ruhte, oder richtiger gesagt: auf einer unmodernen Basis. Sie warfen diese Basis um, ohne daß es ihnen viel Mühe gemacht hätte.

Alles von vorne

Der originelle Mensch glaubt nur an das, was er selbst erfahren hat. Für die meisten Menschen ist das ganze Leben nicht eine unmittelbare persönliche Erfahrungstatsache, ein Erlebnis, sondern eine Art Mitteilung aus zweiter Hand. Das Original aber stellt sich zu jeder, der kleinsten wie der größten Tatsache zunächst skeptisch, es läßt die Dinge an sich herankommen, um sie zu prüfen. Der Durchschnittsmensch verhält sich passiv zur umgebenden Welt, er läßt sie auf sich einwirken, seine Vorstellungen sind tote Abdrücke und nicht Resultate einer lebendigen Aktion, einer *Reaktion* gegen die Eindrücke. Der originelle Mensch hingegen hat den Grundsatz: es muß alles von vorne angefangen werden. Und hierin liegt die gemeinsame Bedeutung aller genialen Menschen auf allen Gebieten, in Kunst und Wissenschaft, in Religion und Politik. Es ist gleichgültig, auf welche besondere Lebenssphäre sie ihren Blick richten: immer ist dies ihr Standpunkt und ihre Aufgabe. Descartes und die Scholastik, Richard Wagner und die Oper, Virchow und die Pathologie, Luther und der Katholizismus, Ibsen und das Drama, Newton und die Mechanik, Lavoisier und die Chemie: es ist immer dieselbe Stellung. Sie glauben nicht daran, daß etwas richtig ist, weil es bisher von allen für richtig gehalten wurde. Es kommt gar nicht darauf an, daß ein solcher Denker auf diesem Wege zu neuen, überraschenden und entgegengesetzten Resultaten kommt, sehr oft erkennt er die Richtigkeit des *Bestehenden*; sondern es ist eben der Weg, diese bestimmte Methode des Denkens, die ihn von anderen unterscheidet.

Es ist an einem Künstler ein ungenialer, unkünstlerischer Zug, wenn er ein sogenanntes »geniales« Leben führt. Denn ein Genie sein heißt nichts anderes, als von einer Mission getragen sein und sich daher als höchst notwendig und unentbehrlich empfinden. Bei kleinen Geistern mag vielleicht ein solches »geniales« Sichwegwerfen, sich psychisch und physisch vergeuden, noch die einzige Möglichkeit sein, um eine Art höheren Lebensstil und eine gewisse Ästhetik zu erreichen, beim Genie jedoch ist es stillos und unästhetisch. Ein Bismarck oder Moltke, der sich in die Schlacht wagt, wäre unmoralisch.

Falsche Maßeinheit

Wenn man die Arbeitskraft eines Künstlers rühmt, so ist das geradeso, wie wenn man den Materialwert eines Kunstwerks preist.

Herr seines Reichtums

»Das Genie schöpft aus dem Vollen.« Aber das ist nicht das Wesentliche, denn aus einem gewissen Reichtum und Überreichtum seiner Persönlichkeit schöpft jeder irgendwie begabte Mensch. Vielmehr zeichnet sich das Genie dadurch aus, daß es nicht der Sklave seines Reichtums ist, sondern aus seiner Fülle immer nur genau so viel schöpft, als es gerade für den gegebenen Zweck braucht, und nicht bemüht ist, in jede Sache, die es macht, alle seine Qualitäten und Künste hineinzustopfen.

Talent und Genie

Es gibt vielleicht viele unverstandene *Talente*, aber ein unverstandenes Genie ist nicht denkbar, wenigstens auf die Dauer nicht. Denn »Talent« ist immer irgend eine hypertrophisch entwickelte und darum schwer verständliche Einzelbegabung, und man muß selber eine Dosis von demselben Talent besitzen, um es erfassen zu können. Das Genie dagegen hat in jedermann einen Freund und Versteher, weil es ein Stück von jedem Menschen enthält. Darum ist auch das Talent eindeutig und das Genie vieldeutig.

Für den genialen Menschen gibt es nichts Geistvolleres, Tieferes als seine eigene Lebensgeschichte. Wenn große Künstler und Philosophen jeder unbedeutenden Einzelheit ihres Lebens eine Art religiösen Kult gewidmet haben, so kann nur ein sehr oberflächlicher Mensch glauben, daß dies Selbstberäucherung war: sie haben sich eben nur mit den tiefsten Dingen befaßt, die ihnen zugänglich waren. – Es gibt nichts Falscheres als die so häufige Behauptung: nur seichte Menschen reden viel von sich selbst. Das Gegenteil ist richtig. Der seichte Mensch spricht fast nie von sich. Die Täuschung, als ob er dies tue, wird dadurch bewirkt, daß er sehr viel von äußeren Dingen redet, die nur für ihn wichtig sind, zum Beispiel von *seinem* Mittagessen, *seinem* Vordermann im Amt, *seinem* Geschäftslieferanten. Von sich selbst aber spricht er fast nie, und wenn, wie von einem Fremden. Die bedeutenden Menschen aber haben immer und immer wieder von sich selbst geredet: sie spürten nämlich, daß dies eigentlich das einzige Thema sei, worüber sie ein *Recht* hätten zu reden.

Größenwahn des Denkers

Es ist ein Irrtum, wenn man glaubt, daß das Denken ein Vorgang sei, der uns frei mache: denn auch die Gedanken liegen ja nicht in unserer Macht. Was in uns denkt, ist ein unkontrollierbarer, undirigierbarer Folgeprozeß unserer Gesamtvitalität, unseres Stoffwechsels, unserer Blutzirkulation, unserer Verdauung. Wer vermöchte den Anteil zu bestimmen, den Schopenhauers chronische Obstipation an Schopenhauers pessimistischer Philosophie gehabt hat? Und Carlyles einzigartige Denk- und Schreibweise: seine dunkle Weitschweifigkeit, sein überheiztes Pathos, seine unartikulierte, mühsame, immer mit sich selbst ringende Prosa, der ganze Rhythmus seiner Gedankenbewegung, bei dem man stets im Zweifel ist, ob man ihn feurig oder holprig nennen soll: – wie sehr ist dies alles, wodurch Carlyle doch erst zum unnachahmlichen Unikum in der gesamten Weltliteratur wird, der Ausdruck von Carlyles Dyspepsie!

Klassisch

Immer wiederholt sich die alte Geschichte vom Scherbengericht, die wir alle so oft aus dem Deutschen ins Lateinische und, wenn wir Pech hatten, sogar ins Griechische übersetzen mußten. Die Griechen, die ein für allemal den Kanon des menschlichen Körpers aufgestellt haben, sind auch in dieser Frage des Kanons der menschlichen Seele vorbildlich gewesen. Sie haben auch diese Elementartatsache der menschlichen Natur klassisch ausgedrückt, nämlich gesund, naiv und mit lapidarer Klarheit: die Stellung, die die Menschen zu jeder geistigen Überlegenheit einnehmen: »Wir brauchen dich, Genie, aber du bist uns lästig. Wir möchten deine Bildsäulen um keinen Preis entbehren, Phidias, aber eigentlich ist es eine Frechheit von dir, ein so großer Künstler zu sein, und von dir, Themistokles, ein so großer Feldherr zu sein, und von dir, Aristides, so gerecht zu sein, und von dir, Sokrates, so weise zu sein, denn das alles sind wir nicht; und wir, das Volk, die Masse, der Durchschnitt, die Gewöhnlichen, sind doch eigentlich diejenigen, auf die es ankommt. Jede eurer Taten ist für uns eine Beleidigung, denn jede beweist uns aufs neue, daß in euch mehr Schönheit, Edelmut und Verstand ist, als in uns allen zusammengenommen. Wir wissen recht wohl, daß wir ohne euch nicht auskommen könnten, aber das hindert nicht, daß wir in euch nichts anderes erblicken als ein notwendiges Übel, das wir nur genau so lange ertragen werden, als wir es ertragen müssen.« So dachten die Griechen und so denken, wenn auch weniger bewußt und plastisch, alle Völker, und wer darüber klagt, daß das Genie verkannt werde, der ist selber ein Verkenner des Genies. Denn wäre es allgemein beliebt und anerkannt, so wäre es eben kein Genie. Der große Mann ist eine Naturkraft, ein Elementarereignis, eine Umwälzung, eine Katastrophe, und solche Erscheinungen nimmt man hin, aber man liebt sie nicht.

Plagiator

Bekanntlich hat Shakespeare im »Julius Cäsar« den Plutarch wörtlich abgeschrieben. Manche bedauern, daß dadurch ein häßlicher Fleck auf den großen Dichter fällt. Andere sind toleranter und sagen: ein Shakespeare durfte sich dies erlauben! Beiden ist jedoch zu erwidern: Wenn man von Shakespeare nichts anderes wüßte als dies, so würde dies allein ihn schon als echten Dichter kennzeichnen. Es ist wahr: große Dichter sind oft originell, aber immer nur, wenn sie müssen. Sie haben nie den Willen zur Originalität; den haben die Literaten. Der Dichter ist ein Mensch, der sieht und sehen kann, weiter nichts. Und er freut sich, wenn er einmal ganz ohne Einschränkung seinem eigentlichen Beruf obliegen kann: dem des Abschreibens. Wenn Shakespeare den Plutarch abschrieb, so tat er es nicht, *obgleich* er ein Dichter war, sondern *weil* er ein Dichter war. Die Halbgenies, die Talente, die Spezialisten suchen sich und überall nur sich. Sie erblicken in allem: in Gott, Natur, Menschen, Ereignissen, Büchern nur eine Gelegenheit, sich in Szene zu setzen. Das Genie aber hat eine leidenschaftliche Liebe zum Guten, Wertvollen; es sucht nichts als dieses. Hat schon ein anderer die Wahrheit, zum Beispiel Plutarch, wozu sich auch nur um einen Schritt von ihm entfernen? Was könnte dabei herauskommen? Es bestünde die Gefahr, eine Wahrheit, die minder groß und wahr wäre, an die Stelle der alten zu setzen, und diese Gefahr fürchtet das Genie mehr als den Verlust seiner »Originalität«. Lieber schreibt es ab. Lieber ist es ein »Plagiator«.

Unersetzlich

Die Originalität jedes Menschen besteht in seiner Tüchtigkeit. Wer irgend etwas wirklich kann, der ist originell und unersetzlich. Darum ist die landläufige Bemerkung »Kein Mensch ist unersetzlich« so ziemlich das Dümmste, was gesagt werden kann. Sie wurde von jenen Menschen aufgebracht, die allerdings ersetzlich sind und auch in der Tat immer wieder ersetzt werden: von den Kretins. Ein bedeutender Mensch stirbt. »Das Leben geht dennoch weiter«, sagt man. Natürlich, es geht weiter. Aber wie? Mit einem Schlage ist aus einer wohl organisierten, zentralisierten Institution ein jämmerlicher Mißbetrieb geworden. Ein Mensch, der auf die Hirnschale fällt, »geht auch weiter«, aber als ein trostloses, bemitleidenswertes Zerrbild seiner selbst. Wenn Julius Cäsar nicht ermordet worden wäre, würden Europa, Afrika und Asien heute ein anderes Antlitz haben. Natürlich, sie sind nicht bei seinem Tode vor Schreck in den Ozean versunken, aber die Menschen haben sich Jahrhunderte lang vergeblich um

Dinge abplagen müssen, die fast schon realisiert waren; und das ist ebenso schlimm. Man denke, daß Goethe bei Valmy gefallen wäre. Die ganze deutsche Kultur würde heute anders aussehen. Oder daß das Attentat auf Bismarck im Jahre 1866 geglückt wäre. Oder man wage sich auszudenken, daß Nietzsche heute noch, als noch nicht Achtzigjähriger, schaffend unter uns lebte. Das ist schon ganz unvorstellbar in seinen Wirkungen. Kleist erschoß sich im Alter von vierunddreißig Jahren. Infolgedessen haben wir kein deutsches Drama. Aber die Menschen sagen: niemand ist unersetzlich; war's nicht der, so war's ein anderer. Jawohl: Kotzebue.

Die genialen Bücher setzen uns immer wieder von neuem in Erstaunen. Wir erwarteten etwas Geistreiches und finden statt dessen das Gegenteil: etwas Wahres.

Der Dichter

Definition I

Ein Dichter ist ein Mensch, der von der Zukunft mehr versteht als von der Gegenwart.

Definition II

Ein Dichter ist ein Mensch, der für sich nur noch eine einzige Privatangelegenheit anerkennt: die Sache der Menschheit.

Die vergeßlichen Dichter

Jeder Mensch ist verliebt, jeder Mensch ist begeistert, jeder Mensch ist weise – aber nur in wenigen seltenen Augenblicken. Wie der Dichter die Frau *immer* sieht, so hat sie jeder Mensch mindestens einmal in seinem Leben gesehen: als er liebte; wie der Dichter die Natur, jedes Stück Rasen, jeden verschneiten Baumstumpf, jedes Tulpenbeet, jede alte Bretterhütte empfindet, so hat jeder schon irgendwann einmal Rasen, Baum, Blume und Brücke empfunden, aber nur ein kurzes Zeitteilchen, dann sank alles wieder hinab; er hatte es sofort wieder vergessen. Die meisten Menschen sind eben vergeßliche Dichter. Und ebenso vergeßliche

Denker. Wer war nicht schon weise, freilich zumeist gerade dann, wenn er es am wenigsten zu sein glaubte? Gespräche von Holzfällern, Schmieden, Fuhrleuten, Handwerksburschen enthalten oft überraschende Wahrheiten, Tiefblicke, schärfste Sachurteile. Jeder Mensch, der einer Sache kundig ist, vermag über sie die vorzüglichsten Bemerkungen zu machen. Aber er weiß es nicht. Und er sammelt es nicht auf: er ist kein Reservoir seiner Weisheiten.

Der Dichter ist ganz einfach das ununterbrochen, was die übrigen Menschen alle fünf Jahre einmal sind. Er unterscheidet sich in nichts anderem von ihnen. Er lebt mit den Dingen in *dauernder Kryptogamie*. Er ist immer begeistert, immer verliebt und darum immer weise.

Zweierlei Tyrannen

Alle die Schreckensherrscher, von denen die Historie erzählt, die »Scheusale« der Weltgeschichte: Caligula und Tiberius, Danton und Robespierre, Cesare Borgia und Torquemada, was waren sie anderes als in die Realität verschlagene Künstler? Und alle die Künstler und Gestalter: Shakespeare und Michelangelo, Dante und Poe, Nietzsche und Dostojewski, was waren sie anderes als in die Kunst gerettete Menschenfresser? »Ich habe niemals von einem Verbrechen gehört, das ich nicht hätte begehen können«, sagte Goethe. Er brauchte keine Verbrechen zu begehen, weil er sie künstlerisch gestalten konnte. Und Nero, der Kaiser mit der großen Künstlerambition, wäre kein »Bluthund« geworden, wenn er die Kraft der dichterischen Gestaltung besessen hätte. »Qualis artifex pereo« – vielleicht ist es erlaubt, zu übersetzen: »Was für eine merkwürdige Art Künstler stirbt in mir.«

Der Glorifikator

Der Künstler kann nicht polemisieren, befeinden, er ist ein Verklärer und Rechtfertiger des Lebens, und wenn die Menschen und die Dinge durch seinen Kopf und sein Herz hindurchgegangen sind, so kommen sie schöner wieder ans Tageslicht, als sie jemals vorher gewesen sind. Goethe war nur dadurch imstande, aus seinem Leben ein so vollendetes Kunstwerk zu machen, weil er das Leben immer als berechtigt anerkannte, in allen seinen Gestaltungen: deshalb vermochte er es zu beherrschen. Shakespeare konnte nur darum die menschlichen Leidenschaften so meisterhaft gestalten, weil er sie alle gelten ließ. Hätte er sich pharisäisch und hochnasig über seinen Falstaff gestellt und ihn als einen Auswurf der Menschheit betrachtet, so hätte er ihn niemals schildern können. Aber er hat ihn geliebt, in allen seinen Infamien, Hohlheiten und Verkommenheiten, und so wurde dieser miserable Kerl der Freund aller. Und er hat seinen Macbeth geliebt, seinen

Jago, seinen Richard Gloster, alle diese schwarzen Schurken waren ein Stück von seinem Herzen. Franz Moor dagegen wird an allen Ecken und Enden zur Psychose, er ist kein wirklicher Mensch, wir glauben nicht recht an ihn. Und warum? Weil sein Erzeuger selbst nicht recht an ihn glaubte, weil er ihn nicht genug lieb hatte, weil er sich nicht sagte: auch dieser hat recht, denn sie haben ja alle recht, alle, alle! Haßt der Zoologe den Maulwurf? Nein, das überläßt er dem Gartenknecht. Aber darum *versteht* er auch den Maulwurf.

Was war Homer anderes als ein Historiker »mit ungenügender Quellenkenntnis?« Dennoch wird er in alle Ewigkeit recht behalten, selbst wenn eines Tages ein Professor mit ungeheurem wissenschaftlichen Apparat beweisen sollte, daß es überhaupt kein Troja gegeben hat.

Das, was von einem Dichter »bleibt«: seine dürftigen und mühseligen Aufzeichnungen – das ist der am wenigsten wertvolle Teil seiner Persönlichkeit. Es sind ein paar dünne Licht- und Wärmestrahlen; nicht die Licht- und Wärmequelle selbst. Freilich leuchtet und wärmt diese, auch erkaltet, noch weiter; aber das kommt nur daher, daß ihre Strahlen so langsam zu uns dringen.

Einer der wichtigsten Rangunterschiede unter den Schriftstellern besteht darin, ob sie bloß selber denken oder ob sie auch die übrige Welt zum Selbstdenken bringen.

Gewisse Bücher schmecken fade, gleich chemisch reinem Wasser. Sie sind uns zu destilliert, zu »abgeklärt«, wie wir höflich umschreibend sagen: in Wirklichkeit meinen wir damit ganz einfach, daß sie ungenießbar sind.

Das rechte Licht

Es gibt Bücher, die wie Pfützen sind: flach und dunkel. Dann aber wieder gibt es Bücher, in denen alles sozusagen wegbeleuchtet ist: alle Dinge sind da in einem so scharfen, grellen Sonnenlicht, daß sie uncharakteristisch werden. Die angemessene und natürliche Beleuchtung ist das »zerstreute« Licht. Das weiß jeder Photograph, und der Schriftsteller, der ja nichts anderes zu sein hat als der Photograph seiner Gedanken und Empfindungen, sollte es auch wissen.

Die echten Dichtungen haben eine Scheu davor, zu Buchstaben zu gefrieren. Die besten Gedichte sind nur mit dem Herzen aufgeschrieben und kommen niemals in die Setzmaschine.

Alle berühmten Bücher sind gut, und fast alle guten Bücher sind berühmt, wenn es auch manchmal einige Zeit dauert, bis sie es werden; und die Klage, daß es so viele unbekannte Talente gebe, stammt fast immer von Menschen, die bloß unbekannt sind. Alles Gute, Wertvolle hat die innere Tendenz, sich den Menschen mitzuteilen, es greift infolge eines, man möchte fast sagen: physikalischen Naturgesetzes um sich. Ein Mensch fasse irgendwo, in irgend einem Winkel der Erde einen neuen, schönen und tiefen Gedanken, und dieser Gedanke wird sich so sicher und unwiderstehlich ausbreiten wie Gas.

Erst dann

Eine Dichtung ist erst dann zu Ende gedichtet, wenn sie den Leser gefunden hat, der spürt, was sie *unbewußt* gewollt hat. Eine Dichtung ist nichts anderes als eine Aufforderung an das Publikum, zu dichten. Je mehr Spielraum sie gewährt, je mehr Stellen sie offen läßt, desto bedeutender ist sie. In jedem Versteher erwächst ihr ein neuer Dichter. Tausend Auffassungen sind möglich und alle sind richtig.

Alle echten Dichtungen sind schöne Rätsel und wollen gar nichts anderes sein. Der Dichter unterscheidet sich von den übrigen Menschen dadurch, daß er die Bewegungen des Lebens in ihrem ganzen Reichtum und in ihrer ganzen Tiefe spürt. Aber man darf nicht vergessen, daß er eben darum der einzige Mensch ist, der sich niemals einbildet, das Leben zu verstehen.

Daß Kunst einfach Natur wiederholt, ist logisch und psychologisch unmöglich, denn immer tritt etwas hinzu, was nicht Natur ist: nämlich ein Mensch. Daß Kunst gar nichts mit Natur zu tun hat, ist ebenso unmöglich, denn immer ist etwas dabei, was Natur ist: nämlich ein Mensch.

Es gibt heute schon Naturalisten, die aus lebenswahren Theaterstücken schöpfen.

Er weiß es nur nicht

Die Kunst ist keine Sache der seltsamen und ungewöhnlichen Erlebnisse. Was den Dichter befruchtet, ist weit mehr das kleine Leben des Alltags als die großen Abenteuer. Außerdem hat fast jeder Mensch eine Menge von höchst absonderlichen Dingen erlebt, nur hat er es nie gemerkt. Der Philister weiß nicht, daß er in einer Welt von lauter Originalen lebt und daß sein ganzes Dasein ein höchst abenteuerliches, phantastisches Märchen war. Er wartet immer auf Feen und Drachen, aber die Feen und Drachen sind da, nur inkognito. Noch weniger ist ihm bekannt, daß er selbst im Grunde eine höchst merkwürdige, verwickelte, singuläre Persönlichkeit ist. Er erfährt nie die Wahrheit über sich. Man möchte solchen Menschen nur wünschen, daß sie einmal an einen Dichter kämen, der ihnen ihren Charakter erklärte. Aber sie würden ihm wahrscheinlich nicht glauben und sich denken: »Er ist ein Dichter«.

Imaginärer Dialog

Einem berühmten Dichter sagte einer seiner Verehrer: »Ich wundere mich jedesmal von neuem über die auserlesene Liebenswürdigkeit und Güte, mit der Sie allen Menschen, auch Briefträgern, Droschkenkutschern und Lohndienern begegnen.« Darauf sah ihn der Dichter ganz erstaunt an und sagte: »Ja, was wäre denn der Unterschied zwischen uns und den anderen, wenn wir nicht ein bißchen liebevoller und teilnehmender wären?«

Die Realität enttäuscht, sie ist eigentlich das *Unwirkliche*; und der dies zuerst erkannte, war der erste Dichter.

Das Wort »Berufsdichter« ist ein Unsinn. Der Beruf des Dichters ist der jedes anderen Menschen: leben, assimilieren und assimiliert werden, Energien anhäufen und weitergeben, eine von den Millionen Komponenten der Weltbewegung bilden. Daneben fällt dann bisweilen etwas Lyrik oder Drama ab. Der echte Dichter *sezerniert* Dichtungen.

Der Dichter ist der Mensch, der die meisten Mitgefühle hat. Zwischen Jesus und Shakespeare besteht nur ein Gradunterschied.

Die gute alte Zeit

Wie gut hatte es doch der Dichter früherer Zeiten, noch der von gestern! Ihm gab ein Gott zu sagen, was er leidet! Ein großes, unschätzbares Geschenk; aber nicht, wie man bisher gemeinhin glaubte, für die *Menschheit*, als welcher es mit der Zeit allmählich gleichgültig werden dürfte, in wie guten oder wie schlechten Reimpaaren ein Mensch seine Privatangelegenheiten auszuplaudern vermag. Nein: bloß ein Glück für *ihn*! Er besaß noch die unbegreifliche Fähigkeit, die Dinge aus sich herauszureden, von sich wegzureden, in Worten von sich *abzustoßen*. Eine Gabe von ungeheurem hygienischen Wert! Ob so einer sich in unsterblichen Sonetten oder in miserablen Gartenlaubegedichten Luft machte: das ergibt einen sehr geringen Unterschied! Die Hauptsache ist: beide, der gottgeweihte Dichter und der sentimentale unfähige Esel hatten ein *Ventil*.

Aber der *kommende* Dichter, der nicht mehr imstande ist, mit so groben und falschen Ausdrucksmitteln wie Worten zu arbeiten, der Mensch des *schöpferischen Schweigens*, blickt voll Neid auf jene anderen, die letzten, die *reden* konnten. Er kann seine »inneren Gluten« nicht mehr aus sich herausblasen in »feurigen Gedichten«, er muß sein Feuer in seinem eigenen Leibe verbrennen. Vielleicht kommt es doch einmal in irgendeiner anderen Energieform ans Tageslicht, ja das ist sogar ganz unvermeidlich, denn Energie geht nicht verloren. Aber wer weiß, in welcher Form? Vielleicht als ein neuer kühner Gedanke, vielleicht als eine dramatische Vision, hingekleckst mit vier Farben, die die Menschen nie wieder vergessen werden, vielleicht als eine Seite Prosa, die wie eine eherne Tafel ist, vielleicht als eine gute Handlung, vielleicht als eine *böse* Handlung, vielleicht auch nur als die bloße Kraft, weiter zu schweigen.

Über die Weiber

Sind die Frauen tief?

Daß man einem Wasser nicht auf den Grund blicken kann, beweist noch nicht, daß es tief ist.

Nur häßliche Frauen sind erziehungsfähig; und bei denen hat es keinen Zweck.

Die Frauen sind keine Menschen. Das macht sie so anziehend.

Der Dichter und die Liebe

Was die Frau an der Liebe liebt, ist, daß sie *geliebt wird*, aber der Mann, und zumal der Künstler, liebt an der Liebe gerade dies, daß er *liebt*. Dichter können niemals *»glücklich«* lieben: keinerlei Realität vermag sie auszufüllen, und nun gar diese armselige Irrealität »Frau«: wie könnte die ihnen genügen? Und dennoch: ebensowenig können Dichter »unglücklich« lieben, denn in der Frau, wer sie auch sei, lieben sie ja gar nichts anderes als ihr höheres Selbst, ihre eigenen Gedichte. Was wir in die Dinge »hineintragen«, das geben sie uns getreulich zurück: ein sehr einfaches Naturgesetz. Sieh in der Frau ein nichtiges, flaches, albernes Geschöpf, so wird sie dir genau das sein, nicht mehr; sieh in ihr ein mysteriöses Wesen, eine zarte Zaubergestalt, den »Stern deines Daseins«, so wird sie dir dieser Stern sein. Was sie wirklich ist: wer vermöchte das zu sagen? Vermutlich nichts.

Dies ist auch der Sinn des berühmten Goethischen Wortes: »Wenn ich dich liebe, was geht's dich an?« Ob seine Liebe »erwidert« wird oder nicht, ob er der glückliche »Erhörte« oder der unglückliche »Refüsierte« ist, das hat einen Dichter wohl noch niemals ernsthaft gekümmert. Denn er wird ja *niemals* erhört: die Frau, die er liebt, kann sich ihm niemals hingeben, denn sie existiert ja gar nicht. Und andrerseits wird er ja *immer* erhört, denn der wahre Gegenstand seiner Liebe: seine Phantasien, Dichtungen und Träume, die sind ihm immer gegenwärtig. Seine Liebe wird immer »erwidert«: – aber nur vom Echo seines eigenen inneren Reichtums.

Der arme Werther erscheint uns heute als ein sehr beneidenswerter Seelenlogiker, denn er hatte noch eine so genaue Richtung, ein so absolutes Ziel: die Erotik selbst war ihm noch kein Problem.

Der Kontrakt

Liebe ist zumeist ein Kontrakt, den zwei Eitelkeiten miteinander schließen; wobei gewöhnlich eine Partei die überfordernde ist.

Man kann den Frauen nur mit zweierlei ein wirkliches Vergnügen machen: mit Geld und mit schlechter Behandlung.

Behandle jede Dame liebenswürdig und zuvorkommend, auch wenn sie nicht mehr jung und schön ist; sie könnte vielleicht doch eine Journalistin sein.

Ideales Ballgespräch: Gnädigste sind, wie alle Frauen, anders als die anderen Frauen.

Ich verstehe nicht, wie man homosexuell sein kann. Das Normale ist doch schon unangenehm genug.

Brautschau

In dem Falle, als ein Mann so dumm sein sollte, seiner Frau zu verbieten, daß sie allein das Kaffeehaus besuche, werden sich folgende fünf typischen Reaktionen entwickeln:

Nr. 1: Ich gehe leidenschaftlich gern ins Kaffeehaus, aber leider: mein Mann hat es verboten.

Nr. 2: Bitte, sagen Sie meinem Mann um Himmelswillen nicht, daß ich im Kaffeehaus war, der Arme regt sich sonst so auf.

Nr. 3: Ich hasse das Kaffeehaus; aber ich werde mich doch nicht von meinem Mann tyrannisieren lassen.

Jawohl, mein Lieber, ich *war* im Kaffeehaus: es war reizend und man hat mir *sehr* den Hof gemacht, sagt Nr. 4; und war gar nicht dort.

Nr. 5: Ich gehe ins Kaffeehaus, nicht *obgleich* es mir mein Mann verboten hat, nicht *weil* es mir mein Mann verboten hat, sondern weil ich nichts dabei finde und es vor mir als freiem, vernünftigem und anständigem Menschen selbst verantworten kann.

Nr. 1 ist eine Kuh, Nr. 2 ein Luder, Nr. 3 eine Gans, Nr. 4 ein Mistvieh, heiraten könnte ich nur Nr. 5; aber die ist mir zu fad.

Jupiter oder: ars amandi

Wenn Jupiter liebte, so kam er als Stier, als Goldregen, als Singschwan oder als Wolke.

Und er wurde geliebt, denn die Frauen lieben die Stiere, die Goldregen, die Singschwäne und besonders die Wolken.

Aber niemals kam er als Jupiter...

Apologie

Leichter Alkohol, in kleinen Schlucken genommen, wirkt stärker als ein schweres Getränk, das man in einem Zuge genießt. Ähnlich ist der Unterschied zwischen Büchern, die in einem Zuge gehen, und solchen, die ihren Inhalt tropfenweise hergeben. Die ersteren haben einen *stärkeren Gehalt*, aber die letzteren machen einen *volleren Kopf*.

Lieber Leser,

wenn schon ich mir so oft widerspreche, so ist es wirklich gänzlich überflüssig, daß auch noch du mir widersprichst.

Nachbemerktes

Am meisten lügen wir, wenn wir Wahrheiten aussprechen, die uns nicht gehören; denn diese lügen doppelt: sie sind unsere Lügen, die sich verleugnen.

Der ist ein großer Mann, der anderen Mut gibt, gleichfalls das was an ihnen groß ist, ohne Scheu zur Schau zu tragen.

Dummheit ist ein gutes Ruhekissen.

Siegfried

Das Charakteristische ist seine absolute Gedankenlosigkeit. Er kennt die Furcht nicht, weil er nie so weit kommt, an die Furcht zu denken. Er besteht alle Gefahren, weil die Bekämpfung einer ihm entgegentretenden Gefahr oder Schwierigkeit bei ihm eine automatische Reflexbewegung ist. Ihm fehlt vor allem *eine* Eigenschaft: die Geistesgegenwart. Daher ist er der Tapferste. Er ist ohne jede Beziehung zur Außenwelt und deshalb ihr Meister. Er besiegt die äußeren Widerstände, nicht weil er der Situation gewachsen ist, sondern weil er ihr nicht gewachsen ist. Eben weil er die Gefahren nicht überschaut, sind sie für ihn nicht da. Seine gehörnte Überlegenheit besteht in seiner intellektuellen Unterlegenheit. Dies ist seine Naivität. Diese ist nicht nur Blindheit, das heißt die Unfähigkeit, die Außenwelt zu *durch*schauen, sondern mehr noch: die Unfähigkeit, die Außenwelt überhaupt zu sehen.

Das Leben ist schlechtweg unberechenbar und unbeständig, weil durch die zahllosen Verbindungen, in denen es besteht, die kompliziertesten Verhältnisse geschaffen werden. Eine Gesetzmäßigkeit ist im Leben nicht *mehr* nachzuweisen und zu erwarten als in der Chemie, nämlich nur die Gesetzmäßigkeit gewisser Verbindungen und Lösungen.

Antisemitismus

Die Juden können unmöglich Antisemiten sein. Auch die Christen können unmöglich Antisemiten sein, denn sonst wären sie ja keine Christen. Der Antisemitismus existiert also offenbar gar nicht, sondern dürfte eine boshafte Erdichtung der Heiden sein.

Freundschaft gehört zu jenen Dingen, die schon nicht mehr da sind, wenn man ihre Grundlagen beurteilt.

Es gibt eine ganze Menge Dinge, über die die gesamte Menschheit, wie durch geheime Konvention, noch nie gesprochen hat und auch nie sprechen wird.

Zum Plagiat

Man liest ein Buch flüchtig, mit Unlust, mit dem Gefühl, daß man es nicht versteht, gar nicht verstehen will, weil es einem zuwider ist. Nach einem Jahr äußert man über irgend etwas seine Gedanken und bemerkt dann nachträglich, daß man jenes Buch abgeschrieben hat.

Ausgleichende Gerechtigkeit

Ihr wahrhaft Lebendigen, ihr einzig Lebendigen, ihr Künstler, vergeßt nicht: Das Wohltemperierte – und das nennt man ja auf Erden Glück – ist unproduktiv.

Kultur ist Anlage

Es wäre sehr traurig, wenn man sich sagen müßte: Ich habe mein Thema, welches darin besteht, daß ich erst 6000 Jahre seit Bestehen der Kulturwelt geboren wurde, aufzuarbeiten, und es mir also aufzulasten ... Oh nein! Die Lehmkugel dreht sich *ununterbrochen* in ihren Axen, ich springe ein, mit mir fängt es nicht an, sondern es geht mit mir weiter. In der scheinbaren Bescheidenheit: ich kenne nur das, was ich mit Bewußtsein mir bekannt gemacht habe, liegt eigentlich die größte Anmaßung. – Die Kultur ist eine Totalität, ein Kontinuum sowohl im ganzen Gang wie im Einzelnen, so daß dieser einzelne *Alles* kennt, was zu seiner Kultursphäre gehört, sofern er überhaupt eine solche besitzt, nur manches noch ungehoben, gleichsam nur punktiert.

Die zerstreuten Menschen sind allemal die Gesammeltsten.

Der Salat-Hund

Bekanntlich wird kein Nahrungsmittel vom Hunde lebhafter verabscheut als grüner Salat. Sobald man aber Miene macht, es einem andern Hunde vorzusetzen, erreicht man damit bei vielen, daß sie es gierig verschlingen; solche nennt man Salathunde. Dieses im Schauspielerjargon gebräuchliche Wort verdient Beachtung. Im Theaterleben ist der Sachverhalt am sinnfälligsten: das Stück, das ein anderer Direktor, die Rolle, die ein anderer Schauspieler hat, wird sofort begehrenswert, und zwar nur deshalb. Aber auch in allen anderen Lebenssphären herrscht dieses Prinzip; selbst das Genie ist ihm unterworfen. Napoleon begann wegen des lächerlichen Fürstentums Lucca einen neuen Weltkrieg. Voltaire, bereits weltberühmt als

Tragödiendichter, Epiker, Philosoph, Historiker, warf sich sogleich auf die Komödie, weil Crèbillon mit einem mittelmäßigen Lustspiel Erfolg gehabt hatte. Jene jämmerliche Mühle vergällte Friedrich dem Großen sein ganzes Sanssouci. Jeder Beruf und Stand schielt nach Beruf und Stand des andern. Der Bürger beneidet das Elend des Bohemiens, der Großstädter die Härte des Bauerndaseins, der Herzog ambitioniert, Kutscher, der Millionär, Holzhacker zu sein. Und in der Beziehung der Geschlechter dreht es sich vorzüglich darum, wie glaubhaft der weibliche Partner dem männlichen oder der männliche dem weiblichen oder beide einander zu suggerieren verstehen, sie seien eigentlich der Salat des andern; darüber wird am sichersten vergessen, daß es sich bloß um Salat handelt. Der Mensch ist ein unverbesserlicher Salathund.

Gib einem wahrscheinlichen Gedanken eine unwahrscheinliche Form und du hast einen Aphorismus.

Wolfgang Lorenz

Egon Friedell

oder

Das Ende

der Tragödie

Humor ist eine Form der Religion. Nur wer über den Dingen steht, vermag sie zu belächeln. Kaum ein Satz trifft die geistige Physiognomie Friedells deutlicher als dieser. Wer war Egon Friedell?

Die Frage ist nicht rhetorisch. Hilde Spiel nennt ihn eine Urnatur in unserem blutleeren Jahrhundert, einen ebenso liebenswürdigen wie bewundernswerten Anachronismus: »In Friedell stand noch einmal die berauschende Fiktion vom universalen Menschen vor uns auf.« Ein universaler Mensch erscheint unserem kategorisierenden, etikettierenden Zeitalter der Spezialisten und Fachgelehrten ganz unbegreiflich, unerklärlich, ja verdächtig. Ein Mensch, der sich nicht einordnen läßt, ist für ein heutiges Publikum gar nicht existent. Wir kommen gleichsam schon mit parzellierten Gehirnen auf die Welt. Das war nicht immer so und wird nicht immer so bleiben. Friedell war sich seiner Stellung in seiner Zeit durchaus bewußt. In einem im Nachlaß aufgefundenen Versuch, aus Sätzen Nietzsches und eigenen Zusätzen in einem neuen Zusammenhang ein Selbstbildnis zu entwerfen, heißt es bezeichnend: »Wie müßte ich mich mit denen verwechseln, für die heute schon Ohren wachsen? Erst das Übermorgen gehört mir.« – Dieses Übermorgen scheint nun heraufzudämmern.

Jene schillernde, vielgesichtige Gestalt aus der Zeit zwischen dem Fin de siècle und dem Untergang Österreichs 1938, elegant, raumfüllend, boshaft, aber selten wirklich verletzend, war einer der geistreichsten Menschen, die im 20. Jahrhundert gelebt haben. Er äußerte sich als Kabarettist, Conférencier, Schauspieler, Religionswissenschaftler, Dramatiker, Herausgeber, Historiker, Essayist, vor allem – was das Voraufgehende einschließt – als Philosoph. Dies alles aber war er eigentlich nur so nebenbei. Denn wenn den großen Bonvivant, der mehr trinken, mehr essen, ausdauernder lachen konnte als seine Freunde Peter Altenberg, Lina und Adolf Loos, Alfred Polgar und andere mit illustrem Namen, eine Lieblingsfurcht plagte, dann war es die, es könnte ihm etwas zu *Arbeit* ausarten. »Arbeit« war geradezu ein Schreckenswort in seinem Vokabular. Friedell, der unermüdlich Tätige, Besitzer einer vieltausendbändigen Bibliothek, die nicht Dekorationszwecken diente, vielmehr die Basis seines atemraubenden Wissens ausmachte, der die Öffentlichkeit brauchte als Korrektiv zu den Stunden konzentrierter Zurückgezogenheit, hatte immer Zeit. Er liebte es, zu den Dingen auf Distanz zu gehen.

Abstand nehmen von den Dingen aber heißt fast notwendig: sie unernst betrachten. Die Welt als Bühne und das Leben als dramatisches Problem erschien ihm als die einzige Möglichkeit, sich in dieser Welt zurechtzufinden und, was wichtiger ist, sie zu ertragen. Es ist die Weltsicht des Künstlers, des wahren Künstlers, was soviel heißt wie: des spielerischen Menschen.

Er war eine durch und durch kosmopolitische und dennoch zutiefst austriakische Gestalt, und er wußte, daß er im Grunde nur in *Wien* leben konnte. Gleichwohl widerte ihn die österreichische »Chimäre« lebenslang an. Sein Essay »Wien« endet mit der resignierenden Feststellung: »Wien ist eine schöne Stadt mit häßlichen Menschen. Die Poesie Wiens liegt in den Steinen und Bäumen. Die Menschen aber, die zwischen diesen Steinen und Bäumen herumgehen, sind von einer giftigen, entstellenden Krankheit erfaßt, die sich im Laufe der Jahrzehnte in sie eingefressen hat: Sie heißt Mangel an *Idealismus*. An dieser lebensgefährlichsten aller Epidemien geht Wien langsam zugrunde. Niemand kann sie lokalisieren, denn sie ist überall. Niemand kann sie heilen, denn sie beruht auf der Zusammensetzung des Wiener Bluts. Es ist damit nicht so einfach wie mit den Blattern.«

Er selbst sah sich am ehesten in der Rolle des Dichters seiner eigenen Biographie, als einen, der das Ideal lebte, das er von sich entworfen hatte, der in der Gestaltung des Lebens zum Kunstwerk das Höchsterreichbare erblickte.

Indessen wird Friedells Polychromie für uns in dem Moment faßbar, als wir uns entschließen, in ihm ein Genie von der Art zu sehen, wie er selbst das Genie sah: vielseitig und vieldeutig, in dem, was es darstellt, auch das Gegenteil begreifend – im Kontrast zum Talent, das immer durch Eindeutigkeit exzelliert.

Geboren im Januar 1878 in Wien als zweites Kind des reichen Tuchfabrikanten Moriz Friedmann. Von Kriegsfolgen und Inflation enterbt, durch eigene Arbeit wieder zu Wohlstand gelangt. Reichtum, Armut und neugewonnene materielle Sicherheit übten auf seine Lebensführung keinen Einfluß. Mit Beginn seiner literarischen Tätigkeit änderte er den Namen Friedmann in Friedell, wodurch die Betonung auf die letzte Silbe verlegt wird. In seinem zwanzigsten Jahr trat er vom mosaischen Glauben zum protestantischen Bekenntnis über. Von der Mutter in zartem Alter verlassen, wurde der berühmt gewordene Sohn später, als bei ihm »Geld wie Heu« sich anhäufte, von einem Gericht zu Unterhaltszahlungen an sie verurteilt. Für Friedell ein bleibender Eindruck von irdischer Gerechtigkeit. Erst im vierten Anlauf – nach einer Odyssee durch die Gymnasien Österreichs und Deutschlands – gelang es ihm, die Matura zu bestehen. Für die Schule war er einfach zu gescheit. Das ist durchaus ernsthaft gemeint. Es gibt einen Grad an Intelligenz, der es einem Menschen unmöglich macht, in der Schule zu bestehen. Eben weil seine Denkensart anders ist, weil er sich bewußt oder unbewußt weigert, ihm wesensfremde Denkschemata aufzunehmen. Dazu tritt ein weiterer psychologischer Grund: Friedell war ein scharfer Beobachter; weshalb die Schule mit ihren Zwängen und eingefahrenen Verhaltensweisen der Lehrer auf einen überlegenen Geist wie ihn immer höchst lächerlich wirken und zu dauerndem Widerspruch reizen mußte. »Die Schüler, mit denen der Lehrer unzufrieden ist, sind zu neun Zehnteln wirkliche Taugenichtse und Dummköpfe, aber das Talent der Klasse befindet sich bestimmt unter diesen und niemals unter den Braven.« In verhältnismäßig kurzer

Zeit promovierte er an der Wiener Universität zum Dr. phil. mit einer Arbeit über *Novalis*, die, obwohl publiziert, damals keinerlei Beachtung fand. In diesem seinem Opus Eins legt Friedell erstmals seine Lehre vom magischen Idealismus dar, wie er sie aus den Fragmenten des Novalis gezogen hatte und die hinfort eine tragende Säule seiner Weltsicht bleiben sollte: »Unser Körper ist nichts als die gemeinschaftliche Zentralwirkung unserer Sinne. Haben wir Herrschaft über die Sinne, vermögen wir sie beliebig in Tätigkeit zu versetzen, so hängt es ja nur von uns ab, welchen Körper wir uns geben wollen. In dem Augenblick, als unser Denkorgan die Sinne in der Gewalt hat, können wir auch unsere Sinne nach Gefallen modifizieren und dirigieren [...]. Der Weg zur Verwirklichung des magischen Idealismus geht nach innen. Wenn wir die Gedanken nicht zu äußeren Dingen machen können, so sollen wir die äußeren Dinge zu Gedanken machen. Beide Operationen sind idealistisch, wer sie beide vollkommen in der Gewalt hat, ist der magische Idealist.«

Seine Karriere begann, das betonte er genüßlich, mit einem »Abstieg«: vom Doktor der Philosophie zum Mitarbeiter verschiedener Kabaretts, unter anderem des berühmten Kabaretts »Fledermaus«, dessen artistische Leitung er zeitweise innehatte. »Zur Erholung von dieser verantwortungsvollen Nachttätigkeit«, schrieb er darüber Ende 1937, »bei Tage mit essayistischen Arbeiten beschäftigt, erwarb ich den Titel eines ›lachenden Philosophen‹. Worauf mir nichts übrigblieb, als zu dessen Widerlegung eine ›Judastragödie‹ zu schreiben, deren Uraufführung 1923 im Burgtheater [...] stattfand. Anders als viele meiner Kollegen wurde ich erst *aufgrund* meiner dramatischen Tätigkeit zum Theaterrezensent. Mein Mangel an Kritik brachte Max Reinhardt auf den Gedanken, mich unter die ›Schauspieler des Theaters in der Josefstadt‹ einzureihen. Als Darsteller neuzeitlicher Gestalten hatte ich Gelegenheit, umfangreiche Materialien zu meiner dreibändigen ›Kulturgeschichte der Neuzeit‹ zu sammeln, von der bisher eine englische, amerikanische, schwedische, norwegische, dänische und finnische Ausgabe veranstaltet wurde und eine italienische vorbereitet wird, während Frankreich und *Bulgarien* bisher ein unbegreifliches Desinteressement gezeigt haben. Da einige Fachgelehrte mir die Kompetenz für die Erforschung der Neuzeit absprachen, ließ ich vor einem Jahr [...] meine ›Kulturgeschichte des Altertums‹ erscheinen.«

Mit seiner »Kulturgeschichte« wurde er sozusagen über Nacht berühmt. Konzipiert nach künstlerisch-dramatischen Gesichtspunkten als »Großes Welttheater«, sollte sie nicht darüber hinwegtäuschen, daß es sich in Wahrheit um eine Philosophie handelt, die sich des Stoffes der Geschichte bedient. Nicht im Sinne der Explizierung eines Systems – das wäre ihm als etwas Abgelegtes, Petrifiziertes erschienen –, vielmehr im Sinne der Devise Lichtenbergs, daß Philosophie, wenn sie für den Menschen mehr bedeuten soll als lediglich Material zum Disputieren, nur *indirekt* gelehrt werden könne. Immanuel Kant hat die Fähigkeit unseres Verstandes entdeckt, selber herauszufinden, wo er aufhört: Friedell war überzeugt, daß mit Kants Vernunftkritik und der Auflösung des Kantischen »Ding an sich« in der romantischen Philosophie die Grenzen des menschlichen Erkenntnisvermögens ausgeleuchtet waren. In einer strikten Kehrtwendung in die Geschichtsphilosophie zog Friedell daraus seine Folgerung: »Die Geschichtswissenschaft ist die einzige Form, in der wir heute noch zu philosophieren vermögen, ein unerschöpflich reiches Laboratorium, in dem wir die [...] lohnendsten Experimente über die Natur des Menschen anstellen können.«

Kultur ist die Erscheinungsform im Menschen angelegter Vermögen. Reflexion darüber gibt Aufschluß über diese Vermögen, über die inneren Antriebe, die ihrer Äußerung zugrunde liegen. Allerdings: Diese aufzufinden setzt die schöpferische Gabe der »vision« voraus, jene Gabe, den Dingen auf den Grund zu sehen, die Friedell in so hohem Maße Thomas Carlyle zusprach und die er selbst in so ungewöhnlichem Maße besaß.

Nur insofern aber ist das Vergangene für uns wirkende Geschichte, als sie *uns* gegenwärtig ist. Vergangenheit gewinnt Realität kraft unserer Erinnerung. Friedell postuliert einen je nach Kulturkreis und Zeitalter differierenden historischen Bewußtseinshorizont. Der Phänomenalismus, der die Wurzelstruktur unseres Erkenntnisvermögens beschreibt, gilt auch für die Historie. Aus dieser Sicht ist Weltgeschichte nichts anderes als die Geschichte der Verschiedenartigkeit unserer Weltkonzeption.

Der gleichsam physiologische Schlüssel zu Friedells geschichtstheoretischem Denken findet sich in Johannes Müllers Lehre von den »spezifischen Sinnesenergien«, wonach die Qualität unserer Empfindungen nicht von der Unterschiedlichkeit der äußeren Reizeinwirkungen, sondern von der Unterschiedlichkeit unseres Aufnahmeapparates (unserer Sinnesrezeptoren) abhängig ist. Diese Erkenntnis überträgt Friedell auf die Geschichtsbetrachtung. »Die ›Wirklichkeit‹ ist immer und überall gleich – nämlich unbekannt. Sie affiziert aber stets andere Sinnesnerven, Netzhäute, Hirnlappen, Trommelfelle.«

Damit wird der Geschichtsverlauf wieder mehrdeutig, entzieht sich der Determiniertheit und Antizipierbarkeit, wie sie der Marxismus oder auch Oswald Spengler behaupten.

Friedells Methode fand, da so sehr auf seine geistige Persönlichkeit zugeschnitten, bis heute keine Schule. Konsequent bringt er, unbeeinflußt von jeglicher Zeittendenz, sein persönliches Urteil zur Geltung. Scheinbar Unvereinbares, strenge Syllogistik und intuitive Erkenntnis, systematisches und aphoristisches Denken finden ihre Synthese in seiner eminent künstlerischen Gestaltungskraft. So läßt sich denn in Paraphrasierung eines Friedellschen Aphorismus sagen: Kulturhistorik ist die Wissenschaft von den Apperzeptionsformen dessen, der sie betreibt.

Ordnen wir Friedell einer philosophischen Lehrmeinung im akademischen Sinne zu, so war er *Phänomenalist*. Denn all seine Aussagen fußen auf dem sicherlich unwiderlegbaren Satz, daß uns der ganze Komplex dessen, was wir Wirklichkeit nennen, »in einer Apperzeptionsform gegeben ist, die sich nur im menschlichen Bewußtsein vorfindet und nachweisen läßt [...], daß das, was wir die Welt und ihre Geschichte nennen, lediglich den Charakter eines Phänomens besitzt«. Lichtenberg, in dem Friedell einen Geistesverwandten erkannte, hat diesen Standpunkt präzise formuliert. In seiner Lichtenberg-Anthologie [detebe 21986] schreibt Friedell dazu folgendes: »Es liegt [...] in dieser besonderen Struktur seines Geistes, daß Lichtenberg imstande war, den Idealismus vollkommener zu Ende zu denken, als selbst Kant dies vermochte. ›Wir kennen nur allein die Existenz unserer Empfindungen, Vorstellungen und Gedanken. *Es denkt,* sollte man sagen, so wie man sagt *es blitzt*. Zu sagen *cogito*, ist schon zuviel, sobald man es durch *ich denke* übersetzt.‹ Hier ist der Phänomenalismus bis an seine äußerste Grenze gedacht.«

Kants kritische Teilung unseres Erkenntnisvermögens in theoretische und praktische Vernunft verdichtet sich bei Friedell zu dem schlagenden Aperçu: »Der Philosoph weiß, daß nichts ganz wichtig und ganz ernstaft ist; daher kann er sich über alles hinwegsetzen und über alles lachen. – Aber ebensogut weiß er, daß nichts ganz unwichtig und ganz lächerlich ist: Daher nimmt er wieder eigentlich alles ernst und setzt sich über nichts hinweg.« Sein repräsentativstes Werk, die »Kulturgeschichte«, hat bis heute nichts an Aussagekraft, Hellsichtigkeit und stilistischer Bravour eingebüßt. Sie ist, wie alle seine Schriften, Bonmots und Anekdoten, selbst seine Zitate, imprägniert von seiner unverwechselbaren Persönlichkeit. Seinen Sätzen emaniert ein mächtiges Geisteselement, und all diese Vielgestaltigkeit seines Denkens und Handelns ruht auf der Basis einer tiefen bewußten Religiosität, die in allen Dingen nur Gott sucht und findet, in unendlichen Gestaltungen, aber als die einzige Realität.

Das Jahr 1922 erscheint im Rückblick auf Friedells Werdegang als eine gewisse Zäsur. Gut zwei Drittel seiner Lebensbahn hatte er durchschritten. Gelegentliche Äußerungen zu seinen Freunden lassen auf eine frühe Ahnung schließen, daß ihm nicht allzuviel Zeit beschieden sein würde. Das Wissen um ein aufkommendes, nie dagewesenes Unrecht bestärkte in ihm die philosophische Erkenntnis, dem Ende eines Weltalters beizuwohnen. Er zog eine erste Bilanz, ein letztes Ausatmen vor dem großen Kraftakt der »Kulturgeschichte«: »Steinbruch«, im Untertitel »Vermischte Meinungen und Sprüche«, gibt Rechenschaft über die Summe seines bisherigen Denkens. In Aphorismen, oder wenn man so will: Gedankensplittern und Kurzessays, sind hier Erfahrungen, Beobachtungen, Denkresultate mit komprimierender Kraft in konzise Form gegossen, handelt Friedell über das meiste, worüber nachzudenken sich lohnt: ein Notizbuch unverbrauchter Einfälle, ein geistiges Ballspiel, äquilibriert durch das Faszinosum seines höchst eigentümlichen Denkstils.

Nun ist die prinzipiell panegyrische Kritik heute nicht sehr gefragt, und wer wollte auch leugnen, daß sich bei Friedell, wie bei jedem anderen Autor, Überspitztheiten, Idiosynkrasien, Animositäten und Irrtümer finden. Freilich erscheinen diese von seiner verbalen Brillanz zumeist verdeckt und entschärft. Seine aufschreckenden Definitionen und brisanten Formulierungen sind verwoben in eine Sprache von eleganter Leichtigkeit und Luzidität. Sie spiegelt in ihrer Unmittelbarkeit präzise seinen Denkstil. Man kann ihm schwerlich widersprechen. Und im übrigen »deckt sich nämlich der Künstler in seinen Mängeln und Impotenzen mit allen übrigen Menschen: Hierüber zu reden ist also völlig uninteressant.«

Als der braune Antichrist seine Heimat Österreich »heim ins Reich« holte, sprach man auch Friedell, wie vielen anderen Menschen jüdischer Herkunft, die Lebensberechtigung im neugeschaffenen Arierparadies ab. Über seine allerletzte Zeit gibt es nur widersprüchliche Berichte. Sein lebenslang geübtes instinktiv-methodisches Verschleiern seiner Privatsphäre wirkte bis in seine letzten Tage. Exhibitionismus war ihm ein Greuel. Wie auch immer: Er muß sich in diesen Wochen der gänzlichen Aussichtslosigkeit seiner Existenz erdrückend bewußt geworden sein. Die angebotene

Emigration lehnte er ab: »Was soll ich in einem anderen Land? Da bin ich doch nur ein Schnorrer und eine lächerliche Figur«, soll er gesagt haben. Er zog seine höchsteigene Konsequenz. Der Christ Friedell, der den Christengott als den Gott der unergründlichen und grundlosen Gnade begriff, schied, auf diese Gnade bauend, freiwillig aus einer Welt, die nicht mehr die seine war. Als in der Nacht des 16. März 1938, zwei Tage nach Hitlers triumphalem Einzug in Wien, zwei SA-Schergen in seiner Wohnung erschienen, ihn zu verhaften, da öffnete Friedell sein Fenster und stürzte sich in den Tod. – Zwei Monate nach seinem 60. Geburtstag, zu dem er folgende *gedruckte* Danksagung versandte:

An *alle* Gratulanten.
Tieferschüttert, daß Sie meinen bescheidenen 60. Geburtstag nicht vergessen haben, danke ich Ihnen von Herzen für Ihre mich so großmütig überschätzenden Zeilen. Von allen Glückwünschen hat mich der *Ihrige* am meisten gefreut...

Egon Friedell

Wie das Leben, nicht wie der Tod war, ist wesentlich, sagt Prentice Mulford. Also keine Tragödie? In Friedells Sinne wohl nicht. Ihm war das »Aenigma Christianissimum«, wie er es nennt, nicht, daß es den Bösen gut gehe, denn sie bezahlen ja schon damit, daß sie ohne Gott leben müssen, sondern daß es den *Guten* so oft gut gehe, daß sie zu der Gewißheit, gut und gottgefällig zu sein, auch noch einen äußeren Lohn empfangen. An einen verfügbaren, objektivierbaren Gott kann ein Christ, wie Friedell sich verstand, eigentlich nicht glauben. Denn was äußerer Verrechenbarkeit unterworfen ist, hat schon aufgehört, Gott anzugehören. »Glauben aber heißt sich auf die *unverdiente* Liebe Gottes in Christo verlassen. Der luziferische Lauf der Welt hat sich (seit dem Erscheinen Christi) *nicht* geändert. Daß aber Gott dennoch hienieden wirkt und webt, ist ebenso unbezweifelbar wie unerklärlich. Hier stehen wir, in dem tiefsten Sinne, der diesem Wort gegeben werden kann, im ›Unsichtbaren‹.« Friedell hatte erkannt, daß das Rätsel bereits die Lösung ist.

Im Jahre 1908 erschien in Siegfried Jacobsohns Wochenschrift »Die Schaubühne« ein Beitrag Friedells: »Hebbel als Denker«. Darin heißt es: »Denken ist eine Leidenschaft, das heißt: eine Lust und zugleich ein Schmerz. Denken ist höchster Selbstgenuß und höchste Selbstzerstörung: Im Denken bejaht sich die Menschheit aufs tiefste, denn sie erkennt sich als Stütze und Sinn der Weltentwicklung, und im Denken verneint sich die Menschheit aufs tiefste, denn sie erkennt sich in ihrer Widersprüchlichkeit und Unberechtigtkeit. Im Denken berechnet der Mensch seine Unberechenbarkeit, er ist in dem Maße Pessimist, als er Denker ist, und dennoch ist das Denken die sublimste, raffinierteste ›Verführung zum Leben‹. Darum ist das schöpferische, produktive Denken nicht eine Art buen retiro, in dem der Geist von Zeit zu Zeit Ruhe sucht und findet, sondern im Gegenteil ein Kampfplatz, auf dem die verwickeltsten und gefährlichsten Schlachten geschlagen werden. Denken ist ein Kampf, ein Kampf des Denkers mit seinen Objekten, die er durchleuchten will, und ein Kampf des Denkers mit sich selbst, mit seinen Problemen und Widersprüchen.«

Unter die Denker dieser Art, die einzigen, auf die es ankommt, die einzigen, die zählen, gehört Egon Friedell. – Und er trifft eine noch weiter gehende Charakterisierung: »Es gibt dramatische Denker, wie es dramatische Dichter gibt.« So ließe sich denn die eingangs gestellte Frage: Wer war Egon Friedell? dahingehend beantworten: Er war ein dramatischer Denker.

Editorische Notiz

Dieses Buch erschien im Jahre 1922 unter dem Titel *Steinbruch. Vermischte Meinungen und Sprüche* im Verlag der Wiener graphischen Werkstätte. 1930 stellte der Autor für den Phaidon-Verlag eine verkürzte Fassung her, die er *Kleine Philosophie* überschrieb. Die vorliegende Ausgabe berücksichtigt die in der späteren Fassung gemachten Zusätze und geringfügigen Korrekturen. »Nachbemerktes« versammelt Aphorismen, die zum einen der »Schaubühne« und dem »Agathon-Almanach auf das Jahr 48 des 20. Jahrhunderts«, zum anderen einer unpublizierten Friedell-Handschrift aus dem Jahre 1916 im Besitz der Wiener Stadtbibliothek entnommen sind.

Das Werk trägt die Widmung an Josef Popper-Lynkeus, an einen Mann, der heute nur einem kleinen Kreis bekannt ist, dabei hochinteressant in seiner Vielseitigkeit und ein Mensch ganz nach dem Geschmack Friedells. In ärmlichsten Verhältnissen im Ghetto des böhmischen Kolin aufgewachsen, gelang es ihm, zuerst am Prager Polytechnikum und dann in Wien zu studieren. Eine Assistentenstelle an der Universität Prag wurde ihm wegen seiner jüdischen Herkunft verweigert. Popper gelangen einige wertvolle und verwertbare Erfindungen auf dem Gebiet des Dampfkesselwesens, womit er sich einen Namen machte. Im Jahre 1882 wurde an der Wiener Akademie der Wissenschaften ein Brief geöffnet, den Popper 20 Jahre zuvor hinterlegt hatte. Er enthielt eine vollständige Beschreibung des Prinzips der elektrischen Kraftübertragung. Popper hatte sich damit die geistige Priorität für eine Idee gesichert, zu deren technischer Auswertung ihm die finanziellen Mittel gänzlich fehlten. Zum hundertsten Todestag Voltaires erschien eine Würdigung aus seiner Feder, hinter der niemand einen Kesselingenieur vermutet hätte: *Das Recht zu leben und die Pflicht zu sterben.* Eigentlich sein Fundamentalwerk, denn es enthält bereits im Kern seine sozial-ethischen Vorstellungen, wie er sie später publizierte. In seinen späteren Jahren befaßte er sich intensiv mit Problemen der Flugtechnik. Über 30 Jahre schrieb er an Kurzgeschichten und fabelartigen Skizzen – teils frei erfunden, teils seinen Träumen abgelauscht –, die er im Jahre 1889 zusammengefaßt mit dem Titel *Fantasien eines Realisten* publizierte. Das Buch erschien unter dem Pseudonym »Lynkeus« und wurde sofort von der k. und k. Staatsanwaltschaft »aus Gründen der Sittlichkeit« verboten, erlebte aber bis 1922 in Deutschland 21 Auflagen. Im Dezember 1921 ist, fast 84jährig, Popper gestorben. Einen Tag vor seinem Tod hatte er seine Haushälterin geehelicht. Kein Geringerer als Albert Einstein bemühte sich um den Erhalt seines schriftlichen Nachlasses, der heute in der israelischen Nationalbibliothek zu Jerusalem lagert.

W. L.

Inhalt

Zur Philosophie des Alltags 9
Was ist Wahrheit? 21
Zur Wissenschaft von der Seele 35
Der Mensch im Verkehr 43
Über Religion und Moral 51
Zur Naturgeschichte des Genies 63
Der Dichter 77
Über die Weiber 89
Nachbemerktes 97

Wolfgang Lorenz 105
Egon Friedell oder Das Ende der Tragödie

Editorische Notiz 121

Egon Friedell im Diogenes Verlag

Abschaffung des Genies
Gesammelte Essays 1905–1918
Herausgegeben und mit einem Nachwort
›Friedell als Buchautor‹ von Heribert Illig
detebe 21344

Ist die Erde bewohnt?
Gesammelte Essays 1919–1931
Herausgegeben und mit einem Nachwort
›Der ganze Friedell?‹ von Heribert Illig
detebe 21345

Steinbruch
Kleine Philosophie. Mit einem Vorwort des Autors
und einem Nachwort von Wolfgang Lorenz. detebe 21987

Das letzte Gesicht
69 Bilder von Totenmasken, eingeleitet von Egon Friedell
Mit Erläuterungen von Stefanie Strizek
detebe 21222

Die Rückkehr der Zeitmaschine
Phantastische Novelle. detebe 20177

Ebenfalls im Diogenes Verlag erschienen:

H.G. Wells
Die Zeitmaschine
Roman. Aus dem Englischen von
Peter Naujack. detebe 20172

Ralph Waldo Emerson

Repräsentanten der Menschheit

Sieben Essays. Aus dem Amerikanischen von Karl Federn
Mit einem Nachwort von Egon Friedell
detebe 21696

»Seine Gedanken sind heute für uns jung, denn sie kommen aus einem Weltteil, der sich rascher und unter anderen Bedingungen entwickelt hat als der unsrige. Aber sie werden auch in späteren Zeiten niemals altern und den Zeitgeschmack überdauern, denn Emerson schöpft aus zwei Quellen, die immer frisch bleiben: aus der Natur und aus seinem Herzen. Daher hat er allen Menschen und allen Zeiten etwas zu sagen, und er hat so wenig mit der Mode etwas zu schaffen, wie die übrigen seltenen Männer seiner Art, die von Zeit zu Zeit erscheinen, um das Wort Vauvenargues' zu bewahrheiten: ›Les grandes pensées viennent du cœur.‹«
Egon Friedell

Novalis

Geleit auf allen Wegen

Aus dem Gesamtwerk ausgewählt und mit einem Vorwort von Wolfgang Kraus
detebe 21885

»Eine Epoche überreifer spätromantischer Empfindsamkeit hat, zum Teil aus der Unkenntnis vieler erst bedeutend später veröffentlichter Briefe und Tagebücher, nur den Trauernden gesehen, nicht aber den Mann, der mithalf, ein Zeitalter einzuleiten, und der die Worte schrieb: ›Wir sind auf einer Mission: zur Bildung der Erde sind wir berufen.‹
Das Gesamtwerk von Novalis besteht, sieht man von den Gedichten ab, aus Fragmenten. Novalis hat seine Gedanken nie in ein geschlossenes System gebracht, er hat auch, wie er selbst schreibt, nie genügend Zeit gehabt, sich mit eingehenden Beweisführungen abzugeben. Er sprach seine Anschauungen in aphoristischer Form aus, und diese wenigen Sätze, oft sogar nur in wenige Worte konzentrierte Darstellung von Beobachtungen und Ideen, kamen dem Vorhaben einer Auswahl sehr entgegen.« *Wolfgang Kraus*

»Hinterlassen hat er das wunderlichste und geheimnisvollste Werk, das die deutsche Geistesgeschichte kennt. Ebenso wie sein kurzes, äußerlich tatenloses Leben den Eindruck seltsamster Fülle macht und jede Sinnlichkeit wie jede Geistigkeit erschöpft zu haben scheint, so zeigen die Runen dieses Werkes unter spielender, entzückend blumiger Oberfläche alle Abgründe des Geistes, der Vergöttlichung durch den Geist und der Verzweiflung am Geiste.«
Hermann Hesse

Anton Kuh im Diogenes Verlag

Metaphysik und Würstel

Feuilletons, Essays und Publizistik
Herausgegeben und mit einem Nachwort
von Ruth Greuner. detebe 21455

Anton Kuh, 1890 in Wien geboren, war einer der glänzendsten Repräsentanten des Wiener Feuilletons. Von Psychoanalyse, Pazifismus und den verschiedensten Studien geprägt, kommentierte er in wenigen Sätzen das Geschehen und die Menschen seiner Zeit. Unermüdlich sprach und schrieb er gegen den Zerfall der Demokratie, gegen Kriegsgefahr und Faschismus. 1938 gelang ihm die Emigration in die USA, wo er 1941 starb.

»Keine Zündschnur, sondern eine Rakete... alle hingen an seinem Mund mit der größten Bereitschaft, gefangen zu sein.« *Franz Werfel*

Hans Nebbich im Glück

Feuilletons, Essays und Publizistik
Neue Sammlung. Herausgegeben und mit einem
Nachwort von Ulrike Lehner. detebe 21456

Diese in einzelnen Themenkreisen chronologisch geordnete Sammlung von Texten Anton Kuhs aus den Jahren 1915 bis 1940 stellt den Kommentar eines genialen Literaten einer Zeit entgegen, die ihren Geist aus Agonie und Untergang bezog. Konnte der Zeitgeist vom Literatur-Café aus auch nicht niedergerungen werden, eine starke Waffe wurde dort gegen ihn geschmiedet: das Aufdecken seiner Lächerlichkeit.

»Kuh vereinigt einen blendenden Intellekt, der aber nicht blendet, sondern bei der Sache bleibt, mit Witz, Ironie, nötiger Schärfe des Urteils, Trauer, Patriotismus.« *Friedrich Heer*

Ludwig Marcuse

Wie alt kann Aktuelles sein?

Literarische Porträts und Kritiken

Herausgegeben, mit einem Nachwort
und einer Auswahlbibliographie
von Dieter Lamping

Wie vieles über (und von) Ludwig Marcuse hat man heutzutage auch vergessen, daß er ein großer Kritiker war. Er hat Hunderte von Rezensionen geschrieben: über philosophische und psychologische Bücher (von Bloch und Jaspers bis zu Wilhelm Reich und Anna Freud), besonders aber über literarische Neuerscheinungen. Marcuse hat als einer der ersten Musils *Mann ohne Eigenschaften* besprochen, mit Brecht über das epische Theater gestritten, gegen George polemisiert; er hat jedes Buch von Joseph Roth besprochen, nach dem Krieg hat er sich unermüdlich für Exil-Autoren wie Heinrich Mann und Alfred Döblin eingesetzt; gleichzeitig beobachtete Marcuse auch immer die neueste Literatur, in den sechziger Jahren rezensierte er Bücher u.a. von Böll, Dürrenmatt und Grass, Henry Miller und Simone de Beauvoir.

»Er war keiner Gruppe, keiner Clique zugehörig, war nie als Claqueur zu mißbrauchen. Dieser intensiv gläubige Ungläubige vollzog immer wieder in seiner Philosophie, in seinen Artikeln und Büchern etwas, was man Kulturrevolution am eigenen Leibe nennen könnte.« *Heinrich Böll*